Christoph Ramstein

# Schätze in unseren Liedern

**Christoph Ramstein**

# Schätze in unseren Liedern

## Liedpredigten

**Fromm Verlag**

**Impressum/Imprint (nur für Deutschland/ only for Germany)**
Bibliografische Information der Deutschen Nationalbibliothek: Die Deutsche Nationalbibliothek verzeichnet diese Publikation in der Deutschen Nationalbibliografie; detaillierte bibliografische Daten sind im Internet über http://dnb.d-nb.de abrufbar.


Coverbild: www.ingimage.com

Contact:
International Book Market Service Ltd., 17 Rue Meldrum, Beau Bassin, 1713-01 Mauritius
Website: www.bookmarketservice.com
Email: info@bookmarketservice.com

Gedruckt in: USA, UK, Deutschland. Dieses Buch wurde nicht in Mauritius produziert.

**Imprint (only for USA, GB)**
Bibliographic information published by the Deutsche Nationalbibliothek: The Deutsche Nationalbibliothek lists this publication in the Deutsche Nationalbibliografie; detailed bibliographic data are available in the Internet at http://dnb.d-nb.de.


Cover image: www.ingimage.com

Contact:
International Book Market Service Ltd., 17 Rue Meldrum, Beau Bassin, 1713-01 Mauritius
Website: www.bookmarketservice.com
Email: info@bookmarketservice.com



Printed in: U.S.A., U.K., Germany. This book was not produced in Mauritius.

**ISBN: 978-3-8416-0243-5**

**Inhaltsverzeichnis**

**Vorwort**

Liebe Leserin,
Lieber Leser,

*Schätze in unseren Liedern* – so lautet der Titel dieser Sammlung von Liedpredigten. Das meine ich auch wirklich so. Der christlichen Gemeinde ist eine Schatzkammer gelebten und gesungenen Glaubens anvertraut – das sind ihre Lieder. Viele dieser Schätze schlummern und warten auf Entdeckerinnen und Entdecker.

Meinen Anfang mit Liedpredigten machte ich in der Adventszeit. Nach einigen Jahren im Pfarramt trat bei mir eine gewisse Ermüdung bezüglich der sich wiederholenden Predigttexte in dieser Festzeit ein. Seither predigte ich jedes Jahr einmal im Advent über ein Kirchenlied. Langsam entdeckte ich neben der inhaltlichen Ebene der Lieder zunehmend auch die biographische. In den letzten beiden Jahren folgte eine Anzahl von Liedpredigten quer durchs Kirchengesangbuch - und darüber hinaus (*Amazing Grace* und *Wohin soll ich mich wenden?*). Die Texte folgen dem Gesangbuch der Evangelisch-reformierten Kirchen der deutschsprachigen Schweiz von 1998. Die Auswahl der Kirchenlieder in dieser Sammlung erhebt keinerlei Anspruch, einen repräsentativen Querschnitt darzustellen.

Inzwischen habe ich einige Literatur für einen schnellen Zugriff auf Hintergrund–informationen gesammelt, da im normalen pfarramtlichen Alltag mit seiner Fülle an Aufgaben die Vorbereitungszeit eng begrenzt ist. Aus der Fülle von hilfreichen Büchern ragt eines heraus, das ich für den Einstieg sehr empfehlen kann: *Geistliches Füllhorn. Grosse deutsche Kirchenlieder. Herausgegeben und erläutert von Hansjakob Becker, Ansgar Franz, Jürgen Henkys, Hermann Kurzke, Christa Reich und Alex Stock (München 2001, 2003, 2009)*. Für die Predigt zu Amazing Grace habe ich von der flott zu lesenden Monographie von *Steve Turner: Amazing Grace. John Newton und die bewegende Geschichte seines weltbekannten Liedes (Giessen 2007)* profitiert.

Ich widme diese Sammlung von Liedpredigten zwei Vereinen in unserem Dorf Lausen, die sich seit Jahrzehnten für Musik und Lieder einsetzen. Es sind dies der *Kirchenchor St. Niklaus* und der *Musikverein Lausen*. Ihnen sei an dieser Stelle herzlich gedankt für unzählige Einsätze und für die fruchtbare Zusammenarbeit. Ebenso danke ich Hanna Rucks-Brückner, unserer ehemaligen Vikarin, und Tabitha Buser, die sich gerade auf die Matura vorbereitet. Sie beide haben das Manuskript akribisch durchgesehen und viele wertvolle Vorschläge gemacht, die ich gerne berücksichtigte, ohne jedoch den Predigtcharakter zu verändern. Insbesondere eine Fülle von Helvetismen musste im Blick auf die Drucklegung überarbeitet werden. Unserem Sohn Timon (19), der sich stark mit zeitgenössischer Kirchenmusik beschäftigt, danke ich herzlich für sein wohlwollend-kritisches Nachwort.

Bei der fortlaufenden Lektüre der vorliegenden Liedpredigten springt die Tatsache ins Auge, dass die Biographien der Kirchenlieddichterinnen und –dichter ein hohes Mass an leidvollen Erfahrungen beinhalten. Immer wieder ist hier beispielsweise vom dreissigjährigen Krieg, von der Pest, von weiteren Krankheiten, von Gefängnis, Flucht und vom Tod die Rede. Hanna Rucks-Brückner hat mich zu Recht auf ein repetitives Moment in dieser Hinsicht aufmerksam gemacht. Ich halte dies nicht für zufällig. Vielleicht trifft gerade deshalb das Wort von Paulus auch auf die Männer und Frauen unserer Kirchenlieder zu: … damit wir auch trösten können, die in allerlei Trübsal sind, mit dem Trost, mit dem wir selber getröstet werden von Gott. (2. Kor. 1,4)

Ich wünsche Ihnen viel Gewinn bei der Lektüre und verbleibe mit freundlichen Grüssen

Christoph Ramstein

Lausen, im Herbst 2011

**Amazing Grace**

*Denn aus Gnade seid ihr gerettet worden durch den Glauben und das nicht aus euch: Gottes Gabe ist es. (Epheser 2,8)*
*Eins aber weiss ich: dass ich blind war und bin nun sehend. (Johannes 9,25b)*

Liebe Gemeinde,

Was haben Louis Armstrong, Mahalia Jackson, Elvis Presley, Janis Joplin, Joan Baez, Johnny Cash, Celine Dion, Katie Melua und U2 gemeinsam? Sie alle haben das gleiche Lied gesungen und interpretiert: Amazing Grace! 1772 entstand der Text in England – in den 1830er Jahren kam er in den USA zur Kombination mit der heutigen Melodie. 1972 war dieses Lied an der Spitze der britischen Verkaufscharts in der Version einer Militärkapelle. Amazing Grace als Nr. 1 Hit!

Was für ein Lied! Was für eine Geschichte, die hinter diesem Lied steht! Der Text von 1772 geht zurück auf einen anglikanischen Pfarrer mit einer verrückten Lebensgeschichte. Sein Name: John Newton (1725-1807). Er war der Sohn eines gleichnamigen englischen Kapitäns und einer frommen Mutter namens Elizabeth, die bereits früh verstarb. Mit 11 Jahren begleitete John seinen Vater zum ersten Mal auf einer Schiffsreise. Mit 18 Jahren wurde er für die Royal Navy zwangsrekrutiert und auf dem Schiff Harwich platziert. Als er versuchte zu desertieren, wurde er erwischt und wie damals üblich mit 96 Schlägen bestraft und degradiert.

Später - auf einer Fahrt nach Indien - landete er in Westafrika und wurde Gehilfe des Sklavenhändlers Amos Clowe. Dort wurde er während einem Jahr schwer misshandelt und gedemütigt von dessen Frau, die selbst eine Sklavin war. Er musste ihr dienen – so schrieb es Newton später in seiner Autobiographie. Schliesslich wurde er Gehilfe eines anderen Sklavenhändlers, der ihn besser behandelte. 1748 – im Alter von 23 Jahren – kehrte er mit der Greyhound nach England zurück – sein Vater hatte ihn suchen lassen. Die Greyhound geriet vor der englischen Küste in Seenot: Der Sturm tobte so sehr, dass das Schiff beinahe sank. Newton notierte den 10. Mai 1748 als Einschnitt in seinem Leben. Er betete zum Gott der Bibel, von dem ihm seine Mutter erzählt hatte. Das Schiff ging nicht unter. Newton überlebte. Er und die anderen Seeleute wurden gerettet.

| | |
|---|---|
| *Amazing Grace – how sweet the sound –* | *Erstaunliche Gnade – wie süss der Klang –* |
| *that saved a wretch like me!* | *Die einen Elenden wie mich gerettet hat !* |
| *I once was lost, but now am found,* | *Einst war ich verloren, nun bin ich gefunden,* |
| *was blind, but now I see.* | *war blind, nun sehe ich.* |

| | |
|---|---|
| *Through many dangers, toils and snares* | *Durch viele Gefahren, Mühen und Fallen* |
| *I have already come;* | *bin ich schon gekommen;* |
| *'tis grace has brought me safe thus far,* | *es ist Gnade, die mich sicher hierher gebracht hat,* |
| *and grace will lead me home.* | *und Gnade wird mich heimführen.* |

Elend – das hatte John Newton bereits mehrmals erlebt. Da war der frühe Verlust der Mutter, die Zwangsrekrutierung, die Demütigung durch Schläge, Verzweiflung und Krankheit in Westafrika, Seenot ... Auch Rettung war für Newton kein leeres Wort. Gefahren, Mühen und Fallen kannte er aus eigener Erfahrung. Mehrmals wurde er gerettet. Und genau diese Rettung schreibt er Gott und seiner Gnade zu: Amazing Grace! Mit anderen Worten: Es ist Gnade, dass ich bis hierher gekommen bin und diese Gnade wird mich auch ans Ziel meines Lebens bringen. Kennst Du diese Gnade? Kennst Du dieses Vertrauen zum gnädigen Gott, der Dich mit seiner Gnade bis zum Ziel Deines Lebens begleiten wird?

Newtons Geschichte geht ähnlich abenteuerlich weiter. Es folgen vier Fahrten auf Sklavenschiffen von England über Westafrika (dort wurden die Sklaven gekauft) in die Karibik (dort wurden sie wieder verkauft) und zurück nach England. Ein Markt – ein Gewinn bringendes Geschäft! Auf drei dieser Fahrten war er Kapitän – Kapitän eines Sklavenschiffs wohlverstanden. Sklaverei war damals im britischen Weltreich leider selbstverständlich – so selbstverständlich, dass auch Newton nach seiner Rettung und Hinwendung zu Gott keinen Anstoss daran nahm. Das wird ihm aus heutiger Sicht zum Vorwurf gemacht. Immerhin: Er bemühte sich um eine humanere Behandlung der Sklaven, als das allgemein üblich war. Doch zu seiner Zeit sprachen sich nur ganz wenige ausdrücklich gegen Sklaverei und Sklavenhandel aus: einzelne Philanthropen, einzelne anglikanische Pfarrer und die Quäker, eine kleine christliche Konfession. Es war damals nicht möglich, Quäker zu sein und gleichzeitig irgendetwas mit der Sklaverei am Hut zu haben. Man wurde konsequent aus der Gemeinde ausgeschlossen!

Die Zeit im Dienst des Sklavenhandels fand ein abruptes Ende, als Newton im Jahr 1754 einen Schlaganfall erlitt. Er gab seinen Beruf als Kapitän auf und wurde Zolleinnehmer im Hafen von Liverpool. Parallel dazu widmete er sich im Selbststudium den alten Sprachen und der Theologie. Er wurde Laienprediger, bemühte sich 7 Jahre lang um die Ordination als anglikanischer Pfarrer und erreichte dieses Ziel schliesslich im Jahr 1764. Seine erste Pfarrstelle übernahm er im ländlichen Olney. Dort wurde er als mitfühlender Seelsorger und beliebter Verkündiger bekannt. Zudem war er als Brückenbauer zwischen Anglikanern und Nonkonformisten (Freikirchlern) tätig.

In seinen 15 Jahren an dieser Pfarrstelle in Olney dichtete er zu jeder Sonntagspredigt ein inhaltlich passendes Lied – pro Woche ein Lied! Auch Amazing Grace entstand so – als Lied zur Neujahrspredigt von 1773.

Newton beschäftigte sich in dieser Zeit mit einem der bekanntesten christlichen Andachtsbücher: mit John Bunyan's Pilgerreise (*Pilgrim's Progress*). In diesem Buch wird das Leben als Christ mit einer Pilgerreise verglichen – Christsein als Wanderung mit allen Höhen und Tiefen, die man sich vorstellen kann. Auch Gefahren, Anschläge, Rückschläge, Plagen, Versuchungen und Anfechtungen fehlen nicht. Man erkennt deutlich Spuren dieser Lektüre im Lied Amazing Grace.

Das Gemeindeleben in Olney gestaltete Newton nach einem einfachen Schema: Dienstag war Gebetstreffen – Donnerstag wurde ein Vortrag angesetzt (Newton hielt zu dieser Zeit gerade Vorträge über das Andachtsbuch *Pilgrim's Progress*!) – Sonntag war Gottesdienst und anschliessend an den Gottesdienst wurde die Gemeinde ins Pfarrhaus zu weiterem gemeinsamen Singen und Beten eingeladen. Mit der Zeit wollten so viele kommen, dass dafür Eintrittskarten ausgegeben werden mussten! In dieser Versammlung wurde erstmals das neue Lied gesungen. Sechs Jahre später wurde es in den *Olney Hymns* (1779) veröffentlicht – allerdings noch mit einer anderen Melodie als heute.

Was gibt es sonst noch über John Newton zu berichten? Von 1779 bis zu seinem Tod 1807 war er Pfarrer zu St. Mary Woolnoth (Lombard Street) in London – ganze 28 Jahre lang. Er wurde Mentor von jungen Leuten, unter anderem auch von William Wilberforce, einem aufstrebenden Parlamentarier. Dieser kannte Newton seit seiner Kindheit und suchte ihn im Dezember 1785 als Seelsorger auf mit der Frage, ob er seinen Parlamentssitz aufgeben solle, nachdem er eine persönliche Hinwendung zu Gott erlebt hatte. Er war überrascht, als Newton ihn aufforderte, unbedingt in der Politik zu bleiben. Das war eine wichtige politische Weichenstellung, denn Wilberforce wurde in den folgenden zwanzig Jahren die treibende Kraft in Grossbritannien zur Abschaffung der Sklaverei. Unterstützt wurde er dabei von John Newton, der den Sklavenhandel aus eigener Erfahrung ja bestens kannte. Newton verfasste 1788 ein Buch mit dem Titel Thoughts upon the Slave Trade (Gedanken über den Sklavenhandel), von dem jeder britische Parlamentarier ein Exemplar erhielt. Darin nahm er erstmals öffentlich Stellung zum Sklavenhandel – und das in aller Deutlichkeit. Kurz vor seinem Tod im Jahr 1807 erlebte er noch die Verabschiedung des Slave Trade Act – das Verbot des Sklavenhandels.

Auf Newtons Grabstein, den er selbst entworfen hat, ist zu lesen:

*JOHN NEWTON, Angestellter, einst ein Ungläubiger und Freigeist, ein Diener von Sklaven in Afrika, wurde durch die grosse Gnade unseres Herrn und Erlösers JESUS CHRISTUS bewahrt, wiederhergestellt, begnadigt und dazu berufen, den Glauben zu verkündigen, den er lange Zeit zerstören wollte. (...) Am 1. Februar 1750 heiratete er MARY, die Tochter des verstorbenen George Catlett aus Chatham in Kent, die er am 15. Dezember 1790 dem Herrn zurückgab, der sie ihm anvertraut hatte.*

Liebe Gemeinde, ein abenteuerliches Leben – ein abenteuerliches Lied. Was bleibt? Eine Stadt in Sierra Leone, die ihm zu Ehren Newton heisst. Ein kleines Museum im alten Pfarrhaus von Olney, das man auch im Internet virtuell begehen kann. Und es bleibt ein Lied, das zu einem der beliebtesten Lieder überhaupt wurde! Karriere machte es allerdings nicht in Newtons Heimat, sondern in den USA. Dort begannen sogar schwarze Sklaven, das Lied des ehemaligen Sklavenschiffkapitäns zu singen! Dort wurde der Text mit der heutigen Melodie kombiniert. Und dort wurde auch ein wandernder Vers aus einem anderen Lied über das himmlische Jerusalem als letzte Strophe eingesetzt:

| | |
|---|---|
| *When we've been there ten thousand years, –* | *Wenn wir dann 10000 Jahre dort gewesen sind –* |
| *bright shining as the sun,* | *und hell wie die Sonne scheinen,* |
| *we've no less days to sing God's praise,* | *bleiben uns nicht weniger Tage, um Gottes Lob* |
| *than when we first begun.* | *zu singen, als ganz am Anfang.* |

Amazing Grace! Erstaunliche Gnade! Dass ich lebe – ist Gnade. Dass ich es bis hierher gebracht habe – ist Gnade. Dass ich in Schicksalsschlägen Kraft fand und nicht gestrandet bin – ist Gnade. Hast Du Dein Leben einmal so gesehen? Als Gnade? Als Geschenk von Gott?

Gott ist gnädig mit mir! Gott ist gnädig mit Dir! Das ist das Evangelium – die frohe Botschaft. Das hat John Newton ins Lied Amazing Grace verpackt. Denk daran: Es ist nicht Dein eigener Verdienst. Denk daran: Es ist Gnade!

Es ist Gnade, dass Du atmest und heute singst. Es ist Gnade, dass Du die Vögel singen hörst und in die Sonne blinzeln kannst. Es ist Gnade, dass es schöne Musik gibt, die Dein Herz erfreut. Es ist Gnade, wenn Menschen Dir Freundschaft und Liebe schenken. Und es ist Gnade, dass Gott Dir seine starke Liebe schenkt. Es ist Gnade, dass er Dich mehr liebt, als je ein Mensch Dich lieben kann. Es ist Gnade, dass der lebendige Gott in Jesus Christus ganz einer von uns geworden ist, am Karfreitag für uns ans Kreuz ging und am Ostermorgen in seiner Auferstehung den Tod überwunden hat. Es ist Gnade, dass wir eine Hoffnung haben, die über den Tod hinausgeht. Es ist diese Gnade, die uns ans Ziel bringt.

*Denn aus Gnade seid ihr gerettet worden durch den Glauben und das nicht aus euch: Gottes Gabe ist es. (Epheser 2,8)*

AMEN!

**Es ist ein Ros entsprungen**

Liebe Gemeinde,

Es ist ein Ros entsprungen... Wahrscheinlich habe ich als Kind und Jugendlicher kein anderes Advents- und Weihnachtslied so gründlich missverstanden wie dieses. Das ist auch nicht verwunderlich, denn der Text ist anspruchsvoll. Das Ros‘ wird im Kinderherzen leicht zum Ross, sogar zum fliehenden Ross (entsprungen!). Und auch die Wurzel, Jesse, das Blümlein und die halbe Nacht sind uns nicht leicht verständlich. Die Worte dieses alten Liedes klingen geheimnisvoll – und sie sind es auch. Doch eigentlich passt das gut. Denn das Geschehen, von dem sie berichten, ist nicht weniger geheimnisvoll: Der langersehnte Befreier und Retter, der kommt. Unser Gott, der menschliche Gestalt annimmt, der unendlich grosse und mächtige Schöpfer der Welt, der als Kind zu uns Menschen kommt. Das alles bleibt für uns auch dann geheimnisvoll, wenn wir es tiefer ergründen und herzlicher glauben. Alle Bücher der Welt können es nicht endgültig fassen.

Das Geheimnis dieses Liedes beginnt schon mit seiner Entstehung. Es ist eine rätselhafte Geschichte. Das Lied geht zurück auf ein älteres Marienlied, das ursprünglich zwanzig Strophen umfasst haben soll. Spuren dieses Liedes sind in den ersten beiden Strophen fassbar. Der Dichter – oder vielleicht die Dichterin – ist unbekannt geblieben. Eigenwilligerweise stammt aber der Satz zu diesem Lied vom bedeutenden evangelischen Organisten und Kapellmeister Michael Prätorius (1571-1621). Das Lied erfuhr eine Verschiebung von Maria zu Jesus, wurde so in der evangelischen Kirche salonfähig – eine Entwicklung, die dann 1844 mit der dritten Strophe abgerundet wurde.

*Es ist ein Ros entsprungen*
*aus einer Wurzel zart,*
*wie uns die Alten sungen,*
*von Jesse kam die Art,*
*und hat ein Blümlein bracht*
*mitten im kalten Winter*
*wohl zu der halben Nacht.*

Den Schlüssel zur ersten Strophe finden wir im alttestamentlichen Buch des Propheten Jesaja, wo wir lesen: „Und es wird ein Reis hervorgehen aus dem Stamm Isais und ein Zweig aus seiner Wurzel Frucht bringen.“ (Jesaja 11,1)

Es beginnt also mit einer zarten Wurzel – gemeint ist eine edle Wurzel. Sie reicht tief hinab in die Geschichte Gottes mit seinem jüdischen Volk. Eine Person aus dieser Geschichte wird mit Namen genannt: Jesse ist die im Mittelalter gebräuchliche lateinische Form des hebräischen Namens Isai. Gemeint ist der Vater des grossen Königs David. Die Dynastie von David erlebte nach einer kurzen Blütezeit einen langen Niedergang. Seit der Verschleppung der Juden ins Exil nach Babylon war dieses Königshaus wie ein Baum, der von Waldarbeitern gefällt worden war. Übrig blieben – bildlich gesprochen - ein Baumstumpf und dessen Wurzeln im Erdreich. Die grosse Vergangenheit liess sich erahnen. Aber Gottes Treue zu seinem Volk reichte weiter. Aus dem scheinbar toten Baumstumpf erwuchs unerwartet neues Leben, ein neuer Zweig, ein neuer Spross, ein Reis – wie Jesaja prophezeite.

Aber der Prophet Jesaja war bei weitem nicht der Einzige, der solches angekündigt hatte. Über Generationen hinweg haben Menschen im Gottesvolk immer wieder diese Hoffnung auf Gottes Eingreifen und Gottes Befreier verkündigt und lebendig gehalten. Sie haben davon in den alten Schriften gelesen, ihren Kindern und Enkeln davon erzählt und so diese Hoffnung weitergegeben, dass Gott seinen Retter schicken würde. Auch wir sollen es ihnen gleichtun, von dieser Hoffnung zu erzählen und unseren Kindern und Enkeln dazu sagen: Dieser Messias, dieser Befreier – Jesus – ist gekommen. Deshalb feiern wir überhaupt dieses Fest, auf das wir uns in der Adventszeit vorbereiten! Generationen haben auf ihn gehofft und gewartet. Aber dann, vor 2000 Jahren, war die Zeit reif und erfüllt. Gott hat einen Neuanfang gemacht. Aus dem Baumstumpf ist ein frischer Zweig hervorgebrochen!

Das ganze Geschehen, dieser Neuanfang, dieser Wendepunkt, findet nun mitten im Winter statt - mitten im kalten Winter. Der Liederdichter denkt nicht an milde Winter, wie wir sie heute bei uns erleben, sondern eher an bittere Kälte, an schwer zu heizende Häuser und Hütten, an Ritzen, durch die es kalt herein zieht. Gerade in dieser Jahreszeit wird das Fest der Ankunft Christi gefeiert. Wohl zu der halben Nacht – vielleicht dachte der Dichter an Mitternacht – die dunkelste Zeit der Nacht. Oder er dachte an die Wintersonnenwende, die ab dem 21. Dezember die Tage langsam wieder länger werden lässt. Das Licht gewinnt von der Finsternis den Raum zurück und wird stärker. Die Symbolik ist tief: Gottes Retter kommt mit seiner Wärme in die Kälte unserer Welt. Gottes Retter kommt mit seinem Licht in die tiefste Dunkelheit unseres menschlichen Lebens.

*Das Röslein, das ich meine,*
*davon Jesaja sagt,*
*ist Maria, die reine,*
*die uns das Blümlein bracht.*
*Aus Gottes ewgem Rat*

*hat sie ein Kind geboren,*
*welches uns selig macht.*

Nun wird alles sehr rätselhaft und unser logisches Denken strapaziert. Röslein und Blümlein sind nicht identisch. Das Röslein meint Maria, das Blümlein Jesus. Eine abenteuerliche Wendung. Wir müssen die Worte des Propheten Jesaja und das Weihnachtslied hier deutlich unterscheiden, sonst ist das Durcheinander perfekt. Jesaja redet von keiner Rose! Aber der Reis (meint eigentlich Zweig, Spross) in der deutschen Übersetzung von Jesaja wurde im volkstümlichen Kirchenlied zum Ros, zur Rose, zum Röslein. Und diese Rose ist für den Lieddichter Maria. Und weiter bringt die Rose ein Blümlein hervor. Maria bringt Jesus hervor. Das ist, gelinde gesagt, eine abenteuerliche Auslegung des Jesajaworts.

Trotzdem kommen wir nicht an der Tatsache vorbei, dass Maria Teil der Geschichte des Messias Jesus ist. Sie ist von der Empfängnis und der Geburt an bis zum Kreuz und zur Auferstehung Jesu, ja sogar in der ersten christlichen Gemeinde, gegenwärtig. Die Geschichte von Jesus ist ohne sie nicht zu haben. Gottes Rat, Gottes Entschluss hat das so eingefädelt und Maria hat ihren unbestrittenen Platz in dieser Geschichte!

Unverkennbar ist hier, dass dieses Lied ursprünglich ein Marienlied war. Die Reformation hat zwar die herkömmliche Form der Verehrung von Maria abgelehnt, aber sie wollte offenbar dieses schöne Lied beibehalten und gab ihm eine Wendung hin zum Jesuslied. Deshalb endet die Strophe auch unproblematisch, denn über das Kind wird gesagt: welches uns selig macht. Damit wird Maria von Jesus weit übertroffen. Es geht im tiefsten Grund ja nicht um sie, sondern um den Erlöser, den sie zur Welt bringt. ER ist es, der befreit, rettet, selig macht. Das sagt sein Name, der gleichzeitig Programm ist. Jesus bedeutet „Gott hilft“ – „Gott rettet“.

*Das Blümelein so kleine,*
*das duftet uns so süss;*
*mit seinem hellen Scheine*
*vertreibt's die Finsternis,*
*wahr Mensch und wahrer Gott,*
*hilft uns aus allem Leide,*
*rettet von Sünd und Tod.*

Die dritte Strophe, die erst 1844 – also viel später - nachweisbar ist, vollendet nun die Wendung von Maria zu Jesus. Sie besingt den Erlöser. Er ist wahrer Mensch und wahrer Gott – so wie es das altkirchliche Bekenntnis von Nicäa formuliert hat. Jesus schlägt die Brücke von Gott zum Menschen und von uns Menschen zu Gott. Nur er kann beide Welten verbinden, weil er zugleich für uns Menschen auf der Seite Gottes und für Gott auf der Seite von uns Menschen steht. Er ist das Licht der Welt, das in die Finsternis einbricht und sie vertreibt. Er ist der, der in einer Welt mit offenkundigen Anzeichen von Verwesung einen wohltuenden Geruch verbreitet. Er ist es, der uns hilft, mit leidvollen Erfahrungen umzugehen und der uns aus dem Leid wieder herausführt. Heilend will der Heiland helfen, dass wir durchs Leid hindurch und aus dem Leid hinaus unseren Weg gehen können. Er ist es, der uns heraus reisst aus dem Gefängnis von zerstörerischen Kräften, aus dem Gefängnis von Hass und Bitterkeit, die unser Leben zerstören. Er ist der Messias, der Erlöser, der Befreier. Das feiern wir am kommenden Fest.

Möge die Kraft dieser Botschaft von Jesus, unserem Befreier, unsere Herzen prägen, wenn wir jetzt auf die Christnacht zugehen, das Weihnachtsfest feiern und ein neues Jahr in Angriff nehmen.

AMEN!

**Geh aus mein Herz und suche Freud**

Liebe Gemeinde,

15 Strophen! Dieses Sommerlied von Paul Gerhardt umfasst 15 Strophen! Wenn dieses Lied im Normalfall angestimmt wird, dann wird meist nur eine Auswahl von 4 oder 5 Strophen gesungen. Doch heute wollen wir das Lied mit allen seinen 15 Strophen singen und darüber nachdenken. Denn es ist ein Gesamt-Kunstwerk, das uns der Dichter da vor Augen malt!
Wir schreiben das Jahr 1653. Erst fünf Jahre sind seit dem Ende des 30jährigen Krieges vergangen, der unzählige Städte, Felder und Wälder zerstört und ganze Landstriche in Deutschland entvölkert hat. Paul Gerhardt schreibt dieses Lied für seine eigene Frau, die gerade ein Kind verloren hat. Sowohl die verheerenden Schäden des Krieges als auch ein persönlicher Schicksalsschlag können dazu führen, dass man das Schöne nicht mehr sieht und dass man im Schweren und Traurigen gleichsam ertrinkt. Die Einladung dieses Lieds geht zuerst an seine Frau – und dann an alle, die seither dieses Lied gesungen haben:

*Geh aus mein Herz und suche Freud*
*In dieser schönen Sommerzeit*
*An deines Gottes Gaben*
*Schau an der schönen Gärten Zier*
*Und siehe wie sie mir und dir*
*Sich ausgeschmücket haben*

Es beginnt mit einer Aufforderung, mit einer Einladung ans eigene Herz: Geh aus! Manchmal brauchen wir genau das: Wir müssen uns selbst einen Ruck geben. Die Psalmen kennen das auch in verschiedenen Spielarten. Denken wir beispielsweise an den Anfang von Psalm 103: „Lobe den Herrn, meine Seele …“ Da fordert jemand seine eigene Seele auf, Gott zu loben! Warum denn? Weil es eben nicht automatisch geschieht, dass wir das tun. So ist es auch hier. Manchmal sind wir träge, müde, lustlos, unmotiviert. Oder wir sind traurig, bedrückt, verzweifelt, in uns selbst verkrümmt, blind für Schönheiten um uns. Dann finden wir Freude nicht einfach so. Nein! Wir müssen uns entscheiden und sie bewusst suchen! Geh aus, mein Herz, und suche Freud …

Vier Befehle gibt man sich selbst, wenn man diese erste Strophe singt: Geh aus … suche … schau an … siehe! Das Herz geht auf Reisen und sucht unterwegs die Freude. Die Augen werden geöffnet und schauen hin. Das ist die Botschaft dieses Lieds: Wer das tut, der sieht ganz viel. Da gibt es eine Fülle von Gottesgaben zu entdecken. Sind wir dazu bereit?

Es beginnt bei den Gärten. Schau Dir doch mal auf einem Spaziergang die schönen Gärten an! Einen schönen Gemüsegarten beispielsweise. Oder einen prächtigen Ziergarten. Oder einen blühenden Rosengarten. Oder einen gepflegten Park. Schau an der schönen Gärten Zier! Und dann kommt die kühne Aussage. Für Dich und für mich haben die sich so schön gemacht – gratis dürfen wir ihren Anblick geniessen!

In den folgenden sechs Strophen wird nun der Garten der Natur, der Garten der Schöpfung besungen. Paul Gerhardt unternimmt mit uns einen Spaziergang, eine Wanderung durch diesen wundervollen Garten. Was für eine Fülle finden wir da! Was für eine Schönheit! Der Dichter malt uns Strophe für Strophe neue Gartenbilder, neue Landschaftsbilder vor die Augen: Bäume, grünes Erdreich, Blumen, Vögel, Hirsch und Reh, Bach, Wiesen, Schafe, Bienen, Weinstöcke, Weizen. Anschaulich und konkret schildert er den Reiz der Schöpfung. Unsere Sinne werden geweckt und unsere Fantasie beflügelt: Da ist der Duft der Blumen, da ist der Gesang der Vögel, da ist das Rauschen des Bachs.

Fast in jeder Strophe gibt es etwas zum Schmunzeln … Die Blumenpracht auf dem Feld übertrifft die Seidengewänder von König Salomo – eine Anspielung auf Jesu Worte in der Bergpredigt. Die Nachtigall ist hochbegabt – fast so wie eine Opernsängerin. Schafe und Hirten erheben ein Lustgeschrei. Die Bienenschar ist unverdrossen. Der Weizen wächst mit Gewalt. Das schlägt uns der Lieddichter vor: Schau Dir doch dieses wundersame Bilderbuch der Schöpfung an – da gibt es so viel zum Staunen und zum Schmunzeln. Siehst Du es? Oder bist Du so beschäftigt und gestresst, dass Du es gar nicht siehst?

*Ich selber kann und mag nicht ruhn*
*Des großen Gottes großes Tun*
*Erweckt mir alle Sinnen*
*Ich singe mit, wenn alles singt*
*Und lasse was dem Höchsten klingt*
*Aus meinem Herzen rinnen*

In Strophe 1 hörten wir die vierfache Aufforderung: Geh aus … suche … schau an … siehe! In den Strophen 2-7 entdeckten wir die Schönheit der Schöpfung in vielfältigen Bildern. Strophe 8 knüpft wieder an die erste Strophe an. Jetzt kommt erneut das Ich in den Blick. Was mache ich nun mit all dem? Lasse ich mich anstecken von dem Lied, das in allen Dingen erklingt? Stimme ich ein in den Lobgesang der Geschöpfe Gottes? Singe ich mit? Oder anders gefragt: Was macht dieser wundervolle Garten der Schöpfung mit mir, wenn ich ihn sehe und entdecke? Für den Lieddichter ist klar: Dieser Garten will mich anstiften, dass ich selber einstimme ins Lob des Schöpfers – hier schon auf dieser Erde und später dann im Himmel zusammen mit allen Engeln!

Das Lied spannt nun seinen gewaltigen Bogen weiter in den Strophen 9-12. Der leuchtende Tag im Hochsommer wird zum Gleichnis für das ewige Leben. Wenn es schon in dieser Welt so schön sein kann, so vielfältig und bunt, wie wird's dann erst in Gottes ewiger Welt sein? Mit anderen Worten: Der irdische Garten wird zu einem Gleichnis für den himmlischen Garten („Christi Garten“). Von der Erde geht der Blick zum Himmel, von der Zeit zur Ewigkeit, vom Diesseits zum Jenseits. Es geht zum Himmel – und in der zwölften Strophe wieder zurück zur Erde! Wir sind ja noch hier – und hier soll jetzt schon unser Lob erklingen:

*Doch will ich jetzt schon, da ich noch*
*Hier trage dieses Leibes Joch*
*Auch gar nicht stille schweigen.*
*Mein Herze soll sich fort und fort*
*An diesem und an allem Ort*
*Zu Deinem Lobe neigen*

Die Reise unseres Sommerlieds führte uns von den schönen Gärten vor Ort zu einer Rundreise durch den wundervollen Garten der Schöpfung, dann zu einem Ausflug in die himmlische Gartenwelt - und wieder zurück zu uns. Jetzt zum Schluss (Strophen 13-15) soll unser eigenes Leben zu einem Garten unseres Gottes werden. In Dir und in mir – da soll es blühen. In Dir und in mir – da sollen Früchte wachsen: geniessbare Früchte des Glaubens. Du und ich – wir sollen gute Bäume werden. Du und ich – wir sollen schöne Blumen bleiben. Unser Leben soll grünen.

Das ist aber nicht einfach ein Appell nach dem Motto „Streng Dich bitte kräftig an!“, sondern es ist in Form einer Bitte formuliert! Mit diesen drei Strophen bitten wir den lebendigen Gott, dass er unser Leben zu einem schönen Garten formt. Dazu brauchen wir Gottes guten Geist, dazu brauchen wir Gottes Segen, dazu brauchen wir seine Gnade.

*Mach in mir Deinem Geiste Raum,*
*Daß ich Dir werd ein guter Baum,*
*Und laß mich Wurzeln treiben;*
*Verleihe, daß zu Deinem Ruhm,*
*Ich Deines Gartens schöne Blum*
*Und Pflanze möge bleiben*

Wir reden heute viel von Visionen. Hier ist sie – die Vision für unser Leben! Guter, starker Baum – schöne, prächtige Blume. So soll unser Leben sein. Du und ich – wir sind ein Stück dieser wundervollen Schöpfung Gottes, ein Teil dieses Gartens. Du und ich – wie Baum und Blume. Darum sollen wir bitten: Mach in mir Deinem Geiste Raum …Wäre das nicht ein Gebet zum Start in den Tag? Wäre das nicht ein Morgengebet?

AMEN!

**Gott sei Dank durch alle Welt**

*Gott sei Dank durch alle Welt,*
*der sein Wort beständig hält*
*und der Sünder Trost und Rat*
*zu uns hergesendet hat.*

Liebe Gemeinde,

Was tut Gott? Die erste Strophe dieses alten Adventslieds gibt uns doppelt Antwort:

Er hält sein Wort beständig.
Gott ist ein Gott der Zuverlässigkeit, der Solidität, der Konstanz. Auf ihn ist Verlass. Seine Worte sind nicht warme Luft, nette Gefälligkeit oder leere Vertröstung. Im Gegenteil! Gottes Zusagen haben Gewicht, sind kraftvoll, und sie werden sich erfüllen, wenn sie nicht schon in Erfüllung gegangen sind. Ich bin verheiratet und Vater von drei Kindern. Halte ich mein Wort beständig? Soviel kann ich sagen: Ich bemühe mich. Aber es gelingt mir bei weitem nicht immer. Man gibt den Kindern ein unbedachtes Versprechen – und sie fordern es konsequent ein. Sie sind zu Recht enttäuscht, wenn nicht Wort gehalten wird. Wo wir unsere Zusagen zu oft nicht halten, da verlieren wir unsere Glaubwürdigkeit und werden nicht mehr ernstgenommen. Doch unser Vertrauen zum lebendigen Gott ruht auf einem festen Grund: auf der Basis seiner Zuverlässigkeit. Was er sagt, beansprucht Geltung in unserem Leben und in dieser Welt. Er erfüllt, was er sagt. Deshalb werden wir eingeladen, diesem zuverlässigen Gott unser Vertrauen zu schenken. Dies auch in der Hoffnung, dass trotz unserer Unvollkommenheit seine Beständigkeit auf unser eigenes Leben abfärbt.

Er schickt Jesus Christus als der Sünder Trost und Rat.
Wir als Sünder! Diese Vorstellung will uns nicht recht gefallen. Wir als Menschen, die versagt haben, schuldig geworden sind im Kampf des täglichen Lebens. Wir als Menschen, die mehr oder weniger weit weg davon leben, wie Gott sich unser Menschsein vorstellt. Wir als Menschen, die auf die Vergebung unserer Mitmenschen und auf die göttliche Vergebung angewiesen sind. Jesus selber ist in diesem Punkt unbestechlich. Er möchte uns Menschen sicher nicht klein machen und schon gar nicht unser Selbstvertrauen zerstören. Er möchte vielmehr, dass wir realistisch über uns selbst denken - dass wir die schönen und die problematischen Seiten unseres Menschseins sehen. Und dazu gehört auch die Einsicht: Wir sind Sünder. Wo wir dies erkennen und anerkennen, da gilt uns dieser Trost und Rat, von dem das Adventslied spricht. Die Sünde ist kein unüberwindliches Problem, wenn wir uns – bildlich gesprochen – auf diesen von Gott gesandten Arzt einlassen. Jesus Christus ist auf

Neuanfang spezialisiert. Er selbst sagte den Menschen: Die Starken brauchen keinen Arzt, sondern die Kranken! (Mk 2,17) Wo wir in unserem Leben diesen Arzt wirken lassen, da ist der Dank nicht weit: Gott sei Dank durch alle Welt...

*Was der alten Väter Schar*
*höchster Wunsch und Sehnen war,*
*was die Seher prophezeit,*
*ist erfüllt in Herrlichkeit.*

*Zions Hilf und Abrams Lohn,*
*Jakobs Heil und Davids Sohn,*
*Wunderbar, Rat, Kraft und Held*
*hat sich treulich eingestellt.*

Die Geschichte Gottes mit seiner Welt und mit seinem Volk wird nun ausgelegt. Es ist eine Geschichte, in der sich diese Zuverlässigkeit Gottes zeigt. Was Gott verheisst, hat sich erfüllt. Das Sehnen der Menschen nach dem Befreier, die Prophetien der alten Seher, die Hoffnung auf den Messias – das alles hat Gott erfüllt. Dies wird nun an Orten und Personen der Geschichte Gottes festgemacht. Der Zion als Gottesberg empfängt seine Hilfe. Der Messias wird verknüpft mit den Patriarchen Abram (=Abraham) und Jakob - und mit König David. Gesteigert wird dies durch die Aufnahme des messianischen Jesaja-Wortes (9,5): „Denn es ist uns ein Kind geboren, ein Sohn ist uns gegeben, und die Herrschaft ruht auf seiner Schulter: und er heisst Wunder-Rat, Gott-Held, Ewig-Vater, Friede-Fürst; auf dass seine Herrschaft gross werde und des Friedens kein Ende auf dem Thron Davids und in seinem Königreich, dass er's stärke und stütze durch Recht und Gerechtigkeit von nun an bis in Ewigkeit. Solches wird tun der Eifer des Herrn Zebaoth." Dieses Prophetenwort aus dem Buch Jesaja hat der Dichter in sein Lied hinein verwoben. Dieser Erwartete, dieser Verheissene hat sich treulich eingestellt.

*Sei willkommen, o mein Heil,*
*Hosianna, dir, mein Teil.*
*Richte du auch eine Bahn*
*dir in meinem Herzen an,*

*dass, wenn du, o Lebensfürst,*
*prächtig wiederkommen wirst,*
*ich dir mög entgegengehn*
*und gerecht vor dir bestehn.*

Wie sorgfältig der Lieddichter gearbeitet hat, sieht man an den letzten beiden Strophen. Nachdem der Bogen der ganzen Heilsgeschichte aufgespannt worden ist, wechselt Heinrich Held zielsicher die Ebene. Das Adventsgeschehen erscheint nun im Horizont des eigenen Lebens der Singenden. Ja, beides gehört untrennbar zusammen: die grosse Heilsgeschichte Gottes mit dieser Welt und mit seinem Volk - und die „kleine“ Heilsgeschichte des eigenen Lebens. Das Adventsgeschehen (die Hoffnung auf die Ankunft von Gottes Retter), das Weihnachtsgeschehen (Gott wird Mensch) hat eine weltumfassende und eine persönliche Dimension.

Diese persönliche Dimension bedeutet: Ich heisse den gesandten Retter Gottes willkommen! Das Heil der Welt ist auch mein persönliches Heil! Ich habe Teil am Heilsgeschehen, bin eingeschlossen in die Geschichte des Gottesvolks. Es folgt die Bitte: Richte du auch eine Bahn dir in meinem Herzen an. Sie zeigt: Es ist nicht selbstverständlich, wenn unser Herz für diesen Befreier bereit ist. Die Bahn im eigenen Herzen ist nicht automatisch frei. Deshalb wird der Messias Gottes gebeten, unser Inneres vorzubereiten.

Und jetzt kippt das Lied: Während in den Strophen 1-4 der Blick auf die vergangene Geschichte Gottes gerichtet war, ist in der fünften Strophe das im Blick, was noch vor uns liegt. Christen zwar als Menschen, die in der Geschichte Gottes verwurzelt sind, aber nicht als Ewig-Konservative, nicht als in der Vergangenheit Schwelgende! Nein! Die Vollendung der Gottesgeschichte steht noch aus, steht noch bevor. Das Lied endet mit dem zweiten Advent.

Unser Leben findet in dieser Spannung zwischen dem ersten und dem zweiten Advent Christi statt. Die erste Ankunft von Christus: Weihnachten. Gott wird Mensch, kommt in Niedrigkeit, ein König, der schlicht daher kommt. Die Bibel kennt aber darüber hinaus noch eine zweite Ankunft Christi. Dann wird er nicht in Niedrigkeit kommen, sondern in Hoheit. Nicht verdeckt, sondern für die ganze Welt offensichtlich. Dieser zweite Advent liegt in der Zukunft, liegt noch vor uns. Als Christen sollen wir in der Ausrichtung auf dieses zweite grosse Kommen des Erlösers hin leben. Der Blick zurück: Christi Kommen in Niedrigkeit. Der Blick voraus: Christi Kommen in Herrlichkeit als König der Welt.

AMEN!

**Herzliebster Jesu, was hast du verbrochen…**

*Herzliebster Jesu, was hast du verbrochen,*
*dass man ein solch scharf Urteil hat gesprochen?*
*Was ist die Schuld, in was für Missetaten*
*bist du geraten?*

*Du wirst gegeisselt und mit Dorn gekrönet,*
*ins Angesicht geschlagen und verhöhnet,*
*du wirst mit Essig und mit Gall getränket,*
*ans Kreuz gehenket.*

*Was ist doch wohl die Ursach solcher Plagen?*
*Ach, meine Sünden haben dich geschlagen.*
*Ich, mein Herr Jesu, habe dies verschuldet,*
*was du erduldet.*

Liebe Gemeinde,

Herzliebster Jesu! So beginnt das Passionslied, das Karfreitagslied, das wir gemeinsam betrachten. Herzliebster Jesu! Das ist direkte Anrede. Da ist ein Du, ein Gegenüber, das der Lieddichter anspricht. Und darum ist das ganze Lied ein Gebet, das sich an Jesus richtet – an Jesus, den Leidenden und Gekreuzigten.

Ich bin über diese Anrede gestolpert: Herzliebster Jesu! So habe ich den Gekreuzigten noch nie angesprochen. Doch - was ist genau gemeint? Ist damit seine Wesensart, sein Charakter gemeint? Ist er also der Herzliebste, den es überhaupt je gegeben hat? Hat er das unübertroffen liebste Herz schlechthin? Das würde sich mit vielen biblischen Aussagen bestens treffen. Jesus, der radikal und unergründlich Liebende, der Herzliebste – Personifizierung von Liebe durch und durch.

Doch: Der Dichter meinte mit grosser Wahrscheinlichkeit etwas anderes. Seine Frage ist eine andere: Dieser Jesus – was bedeutet er mir? Und die Antwort darauf lautet: Er ist meinem Herzen der Liebste. Er bedeutet mir unaussprechlich viel. Der Leidende und Gekreuzigte ist mein Ein und Alles! Es ist innige Jesusliebe, die hier schon in den ersten beiden Worten dieses Liedes ausgesprochen wird. Jesusliebe, die einen klaren Kopf mit einem brennenden Herzen verbindet. Jesusliebe, die sich auf dem gründet, was er für uns getan hat an Karfreitag und Ostern – und die dankbar darauf reagiert und antwortet mit dieser Anrede: Herzliebster Jesu!

Das erinnert an Worte der Bibel: Gott ist Liebe. Darin ist erschienen die Liebe Gottes unter uns, dass Gott seinen eingeborenen Sohn gesandt hat in die Welt, dass wir durch ihn leben sollen. Darin steht die Liebe: nicht, dass wir Gott geliebt haben, sondern dass er uns geliebt hat und gesandt seinen Sohn zur Versöhnung für unsere Sünden. Ihr Lieben, hat uns Gott so geliebt, so sollen wir uns auch untereinander lieben. (...) Lasset uns ihn lieben, denn er hat uns zuerst geliebt.“ (1. Johannes 4,8-11.19)

Diesen Ton schlägt der Lieddichter an, wenn er gerade am Anfang sagt: Herzliebster Jesu! So dürfen wir den Leidenden und Gekreuzigten ansprechen!

Was hast Du verbrochen? So fragt das Lied weiter. Mit diesen Worten steht Jesus vor den Menschen damals und vor uns heute. Unschuldig, wie die biblischen Schriften deutlich machen. Er hat doch nichts getan, was eine Bestrafung rechtfertigen würde! Er hat das doch nicht verdient! Er hat keinen „Dreck am Stecken“ wie wir! Warum muss also dieser Unschuldige so schrecklich leiden?

Liebe Gemeinde,

wir kennen diese Frage! Wir stellen sie, wenn Männer und Frauen – Kinder und Greise leiden, obwohl sie doch gar nichts verbrochen haben! Wir fragen so, wenn wir die Bilder von Hungernden sehen, von Erdbebenopfern, von Frauen, die gehandelt werden wie Tiere, von jungen Männern, die in sinnlose Kriege geschickt werden .... Warum müssen sie so schrecklich leiden?

Und jetzt steht Jesus vor uns, der – anders als wir alle – durch und durch unschuldig ist. Er wird einer von diesen Leidenden. Er teilt diesen Schmerz. Er wird Opfer von Gewalt. Er wird gequält und hingerichtet.

Die zweite Strophe unseres Lieds fasst kurz zusammen, was in der Passion geschieht. Sie benennt das Leiden Jesu ganz konkret und anschaulich. Er wird gegeisselt. Sie krönen ihn mit einer Krone aus Dornen – was für ein starkes Symbol für die Verbindung von Leiden und Herrlichkeit! Er wird geschlagen – und zwar ins Gesicht – Ausdruck stärkster Verachtung. Er wird verspottet mit Worten. Man gibt ihm zu trinken, aber das Getränk ist schlicht ungeniessbar. Und dann die Kreuzigung: Da wird er „gehenkt“ – da wird der Unschuldige hingerichtet.

In der dritten Strophe nimmt das Lied eine unerwartete Wende. Nochmals wird die Frage gestellt: Was ist doch wohl die Ursach solcher Plagen? Die Antwort ist ein Hammer. Da ist nicht etwa von bösen Menschen damals die Rede – Nein! Das ganze Geschehen von Karfreitag – diese Passion Jesu – diese Kreuzigung Jesu hat mit mir zu tun. Ich stehe in Verbindung mit diesem Kreuz. Wegen mir ist das geschehen! Meine Sünden haben dieses Grauen mit verursacht. Ich bin mitschuldig an dem, was da am Karfreitag geschehen ist. „Ich gehöre unter die Schar der Täter in diesem Geschehen." (Elke Axmacher)

Wir halten einen Moment inne. Haben wir das Kreuz schon einmal so gesehen? Haben wir das Leiden und den Tod Jesu schon einmal so direkt auf uns und unsere Schuld bezogen? Unsere menschliche Reaktion ist doch normalerweise ganz anders. Wir alle würden doch darauf pochen, dass wir nichts, aber auch gar nichts mit dieser Hinrichtung eines Unschuldigen zu tun haben!

Liebe Gemeinde,

das ist geschehen wegen mir, wegen meinen Sünden, wegen meiner Schuld, wegen meinen Fehlern, wegen meinem Versagen – so kann nur der Glaube sprechen. Aber der Glaube stoppt nicht an dieser Stelle: Er geht weiter auf diesem schwierigen Weg. Das ist wegen uns geschehen – und vor allem für uns! Darauf liegt das Gewicht!

Schauen wir die vierte Strophe an:

*Wie wunderbarlich ist doch diese Strafe.*
*Der gute Hirte leidet für die Schafe;*
*Die Schuld bezahlt der Herre, der Gerechte,*
*für seine Knechte.*

Nun kommt der zweite Hammer! Für den glaubenden Menschen ist das „wunderbarlich". Unser Liedvers kleidet es in Bilder: Jesus ist der gute Hirte, der Gerechte, der HERR. Wir werden als Schafe und als Knechte angesprochen. Beides ist nicht gerade schmeichelhaft. Die vierte Strophe spricht mit aller Deutlichkeit aus, was das Wunderbare ist. Karfreitag – Passion – Kreuz: alles das geschieht für uns. Jesus leidet da - für uns. Jesus bezahlt da – für uns. Jesus ist diesen Weg gegangen – nicht einfach so, sondern für Dich und für mich, für uns alle, für die ganze Welt.

Da geschieht ein Tausch: Der gekreuzigte Jesus tritt an unsere Stelle, trägt das, was wir Menschen verbrochen haben. Der Unschuldige leidet für uns Schuldige. Und wir treten an seine Stelle, lassen los, atmen auf, sind frei! Was war sein Motiv, diesen Tausch einzugehen, diesen Weg für uns zu gehen? Unser Lied sagt es: Das Motiv ist Liebe - grosse Liebe - masslose Liebe! Das ist die Botschaft von Karfreitag!

*O grosse Lieb, o Lieb ohn alle Masse,*
*die dich gebracht auf diese Marterstrasse.*
*Ich lebte mit der Welt in Lust und Freuden,*
*und du musst leiden.*

*Ach, grosser König, gross zu allen Zeiten,*
*wie kann ich gnugsam solche Treu ausbreiten?*
*Keins Menschen Herz vermag es auszudenken,*
*was dir zu schenken.*

*Ich kann's mit meinen Sinnen nicht erreichen,*
*womit doch dein Erbarmen zu vergleichen.*
*Wie kann ich dir denn deine Liebestaten*
*im Werk erstatten?*

*Wann, o Herr Jesu, dort vor deinem Throne*
*Wird stehn auf meinem Haupt die Ehrenkrone,*
*da will ich dir, wann alles wohl wird klingen,*
*Lob und Dank singen.*

Liebe Gemeinde,

wer hat diese ergreifenden Worte geschrieben, über die wir jetzt – 370 Jahre später – nachdenken? Das Gesangbuch verrät uns den Namen. Es war Johann Heermann (1585 – 1647): Theologe, Pfarrer, Erbauungsschriftsteller und Kirchenlieddichter. In unserem Gesangbuch gibt es drei Lieder, deren Texte auf ihn zurückgehen. Im Gesangbuch der Evangelischen Kirchen in Deutschland sind es neun. Insgesamt hat er rund 400 Lieder gedichtet.

Heermann wird als der bedeutendste evangelische Liederdichter zwischen Martin Luther und Paul Gerhardt anerkannt! Er verfasste unter anderem „Tränenlieder", Busslieder, Passionslieder und Osterlieder. Doch erst wenn wir etwas über sein Leben erfahren wird uns deutlich, aus welchen Tiefen heraus dieses Passionslied Herzliebster Jesu geschrieben wurde.

Aufgewachsen in einer mausarmen Kürschnerfamilie. Keines seiner vier älteren Geschwister überlebt die Kindheit. Von klein auf ist er kränklich, einmal erkrankt er schwer. Trotzdem besucht er das Gymnasium. Mit 23 Jahren wird er als Dichter ausgezeichnet. Mit 25 Jahren muss er sein Theologiestudium in Strassburg wegen einem Augenleiden aufgeben. Trotzdem tritt er ein Jahr später eine Pfarrstelle in Köben an der Oder (heute Chobienia) an. Er heiratet, doch seine erste Gattin, Dorothea, stirbt bereits fünf Jahre später. Diese Ehe bleibt kinderlos. Er heiratet erneut, hat mit seiner zweiten Frau, Anna, vier Kinder. Doch dunkle Schatten begleiten ihn weiter. Ein Luftröhrenleiden im Alter von 39 Jahren verunmöglicht ihm , weiterhin seine Predigten selbst zu halten – sie werden von einem Vikar verlesen. Im Jahr 1629 – im Alter von 44 Jahren – der schreckliche dreissigjährige Krieg tobt in Europa – wird er mit seiner Familie aus seinem Haus vertrieben. Zwei Jahre später rafft die Pest seine halbe Gemeinde dahin. Mehrmals plündern Truppen die Stadt. Mehrmals verliert er praktisch alles. Heermann ist krank und bleibt es für den Rest seines Lebens. 1637 im Alter von 52 Jahren muss er aus gesundheitlichen Gründen vom Pfarramt zurücktreten und sich von seiner Gemeinde verabschieden. In seiner Biographie ist zu lesen, dass er in seinen letzten Lebensjahren weder sitzen noch liegen konnte. Er musste angelehnt stehen. Am 27. Februar 1647 erlöste ihn der Tod. Wissen Sie, welchen Übernamen er in der Fachliteratur trägt? Man nennt ihn den „schlesischen Hiob"!

Und dieser Johann Heermann hat unser Passionslied geschrieben. Sein eigenes Leben war gefüllt mit Krankheit und Schicksalsschlägen – schier ohne Ende. Es bleibt uns nur diese Deutung: Die Kraft, das alles zu tragen, fand er in Jesus, dem Herrn, dem Gerechten, dem guten Hirten - im Leidenden, Gekreuzigten und Auferstandenen. In dem, was an Weihnachten, Karfreitag und Ostern geschehen ist, liegt eine gewaltige Kraft, die einen Menschen auch in den tiefsten Tiefen begleiten und tragen kann – auch Dich und mich! Wie hätte er das sonst alles ertragen können? Möge uns diese Kraft begleiten auf unserem Weg, in unserem eigenen und im Begleiten von fremdem Leiden, auch in allen unseren Schicksalsschlägen! Auf dass wir mit dem schlesischen Hiob und vielen anderen vor uns den Leidenden und Gekreuzigten so ansprechen können: Herzliebster Jesu!

AMEN!

**Jesus lebt, mit ihm auch ich**

*Jesus lebt, mit ihm auch ich!*
*Tod, wo sind nun deine Schrecken?*
*Er, er lebt und wird auch mich*
*von den Toten auferwecken.*
*Er verklärt mich in sein Licht,*
*dies ist meine Zuversicht.*

*Jesus lebt! Ihm ist das Reich*
*über alle Welt gegeben;*
*mit ihm wird auch ich zugleich*
*ewig herrschen, ewig leben.*
*Gott erfüllt, was er verspricht;*
*dies ist meine Zuversicht.*

Liebe Gemeinde,

Ostern! Was für ein Tag! Was für eine Botschaft! Jesus, der Mensch gewordene Gott – Jesus, der radikal Liebende – Jesus, der Gott-mit-uns - Jesus, der Bergprediger – Jesus, der Freund der Sünder, Kranken und Gescheiterten – Jesus, der Leidende – Jesus, der Mann am Kreuz ...

Und jetzt bricht der Ostermorgen an. Jesus lebt! Er ist auferstanden von den Toten! Das Grab ist leer – die Jünger verwirrt – die Mächtigen beunruhigt. Jesus lebt! Er hat die Grossmacht „Tod“ bezwungen. Er hat uns den Weg gebahnt ins ewige Leben in ungebrochener Gemein–schaft mit Gott! Jede Strophe dieses Osterlieds beginnt darum mit dem Siegesruf: Jesus lebt!

Darüber könnten wir nun einfach staunen und sagen: Verrückt, was da geschehen ist – damals vor bald 2000 Jahren im fernen Jerusalem! Doch sofort zieht das Lied eine Linie vom Ostermorgen damals zu mir heute. Sofort werde ich mit Macht hineingezogen in dieses Geschehen von Ostern: Jesus lebt, mit ihm auch ich!

Wenn wir eine Zusammenfassung suchen für Ostern und das, was Ostern für uns bedeutet, dann finden wir sie in der ersten Zeile unseres Liedes: Jesus lebt, mit ihm auch ich! Darum geht es. Was mit Jesus geschehen ist am Ostermorgen, das strahlt aus. Wenn er die Schranke des Todes durchbrochen hat, dann hat das sofort mit Dir und mit mir und mit allen Menschen zu tun. Denn vor uns allen steht der Tod als undurchdringliche Grenze. Wir alle müssen uns dieser Macht beugen. Doch jetzt vernehmen wir: Jesus hat an dieser kritischen Stelle den entscheidenden Durchbruch erreicht – und sein Durchbruch gibt meinem Leben und Sterben ein neues Vorzeichen: Jesus lebt, mit ihm auch ich!

Tod, wo sind nun deine Schrecken? So haben wir gesungen. Wenn wir unsere Nächsten und Liebsten durch den Tod verlieren, wenn wir sonst mit dem Tod in seinen unzähligen Facetten konfrontiert werden – dann haben wir doch alles Recht, darüber zu erschrecken! Das ist doch ganz normal!

Nun wird aber deutlich, dass da am Ostermorgen etwas geschehen ist, was diesen Schrecken relativiert. Der Tod ist immer noch da, aber in der Person des Gott-mit-uns ist ein Stärkerer ist auf den Plan getreten. Die Grossmacht „Tod" muss sich ihm, dem Stärkeren beugen. Darum schreibt der Apostel Paulus in Anlehnung an Prophetenworte aus dem Alten Testament: Der Tod ist verschlungen in den Sieg. Tod, wo ist dein Stachel? Hölle, wo ist dein Sieg? (…) Gott aber sei Dank, der uns den Sieg gibt durch unseren Herrn Jesus Christus (1. Kor 15,55+57). Durch die Auferstehung Jesu Christi von den Toten am Ostermorgen hat der Tod eine herbe Niederlage einstecken müssen.

Wenn wir darum als Christinnen und Christen von Ostern reden, dann reden wir davon, dass der Tod für uns nicht das Letzte, sondern nur das Vorletzte ist. Dann sprechen wir die Hoffnung aus, dass wegen der Auferstehung Jesu von den Toten auch wir von den Toten auferstehen werden. Mit dem Tod ist nicht einfach alles aus. Wegen der Auferstehung Jesu ist der Tod für uns ein Doppelpunkt. Der Tod wird damit zum Eingang ins ewige Leben (vgl. die vierte Strophe!). Das ist unsere Hoffnung! Das ist unsere Zuversicht! Sie ruht auf dem, was Jesus für uns getan hat.

*Jesus lebt! Ich bin gewiss,*
*nichts soll mich von Jesus scheiden,*
*keine Macht der Finsternis,*
*keine Herrlichkeit, kein Leiden.*
*Seine Treue wanket nicht;*
*dies ist meine Zuversicht.*

*Jesus lebt! Nun ist der Tod*
*mir der Eingang in das Leben.*
*Welchen Trost in Todesnot*
*wird er meiner Seele geben,*
*wenn sie gläubig zu ihm spricht:*
*Christus, meine Zuversicht.*

Denn ich bin gewiss, dass weder Tod noch Leben, weder Engel noch Fürstentümer noch Gewalten, weder Gegenwärtiges noch Zukünftiges, weder Hohes noch Tiefes noch keine andere Kreatur kann uns scheiden von der Liebe Gottes, die in Christus Jesus ist, unserem Herrn. (Römer 8,38-39)

Diese gewaltigen Worte des Apostels Paulus hat unser Lieddichter hier in seiner dritten Strophe aufgenommen. Die Verbindung mit Jesus, dem Auferstandenen bleibt. Nichts kann mich von ihm trennen. Er konkretisiert: Keine Macht der Finsternis kann mich von ihm trennen. Finsternis? Macht der Finsternis? Ja, es gibt Finsternis in unzähligen Facetten, in unendlich vielen Spielarten. Finsternis, die uns mit Macht ergreifen und verkrümmen will. Doch der Auferstandene bricht da befreiend hinein! Ostern verändert unsere Perspektive der Finsternis. Wir lernen, weniger darüber zu lamentieren, sondern vielmehr den Sieg des Auferstanden über jede Macht der Finsternis zu proklamieren. Wir wissen es: Jede Macht der Finsternis wird sich – früher oder später – der Macht des Auferstandenen beugen müssen. Keine Herrlichkeit, kein Leiden kann mich von ihm trennen. Weder das Hohe des Lebens wie etwa Erfolg, Karriere, Schönheit, Gesundheit – noch die Tiefen des Lebens wie Scheitern, Misserfolg, Verzweiflung, Krankheit, Leiden – können uns vom Auferstandenen, trennen. Seine Treue zu uns steht fest, auch dann, wenn wir untreu sind. Meine Beziehung zu ihm ruht auf dem Fundament seiner Treue.

Liebe Gemeinde,

dem Lieddichter Christian Fürchtegott Gellert (1715-1769) ist es gelungen, die Botschaft von Ostern in kurze, prägnante Liedverse zu giessen. Gellert wuchs in einem Pfarrhaus auf, war von Anfang an schwächlich und kränklich, dem Tod oft näher als dem Leben. Er studierte Theologie wie sein Vater und wurde sein Predigthelfer. Ein eigenes Pfarramt konnte er nicht übernehmen, weil ihm die Kraft dazu fehlte. Er erlebte den ultimativen Albtraum eines Verkündigers: Bei einer Abdankungspredigt blieb er mitten drin stecken und kam nicht mehr weiter. Das verstärkte seine Schüchternheit und Ängstlichkeit. Auch dunkle Stunden von seelischer Depression und leiblicher Schwäche plagten ihn oft. Er verlegte sich auf die Wissenschaft und wurde Professor in Leipzig – erfuhr Bewunderung von Friedrich dem Grossen und vom jungen Goethe. Er schrieb Fabeln und dichtete Lieder. Durch seine Lieder wurde er für seine Zeitgenossen zum Verkündiger des Evangeliums. Mit 54 Jahren starb er – nach dem Genuss des Abendmahls und mit einem Bekenntnis zu Jesus Christus auf den Lippen.

Erstaunlich: Dieser Mann hat unser Osterlied gedichtet. Der schwächliche und ängstliche Gellert dichtet ein Lied voller Hoffnung. Eigene Schwäche hat ihn nicht gehindert, ein solches Lied zu dichten, das vielen Menschen seither Kraft und Trost geschenkt hat. Ist das nicht auch für uns ein Zeichen der Hoffnung, wenn wir uns schwach fühlen? Unsere Schwäche muss kein Hindernis sein, die Hoffnung von Ostern zu teilen. Denn wir leben aus der Kraft der Auferstehung, die viel stärker ist als unsere eigene Kraft. Übrigens: Gellert hat für dieses Lied einfach ein bereits bestehendes Osterlied genommen („Jesus, meine Zuversicht") und hat auf die Melodie einen neuen Text geschrieben. Aus dem ursprünglichen Lied hat er eine Zeile als eine Art Refrain übernommen: Dies ist meine Zuversicht – Christus, meine Zuversicht.

*Jesus lebt! Nun ist der Tod*
*mir der Eingang in das Leben.*
*Welchen Trost in Todesnot*
*wird er meiner Seele geben,*
*wenn sie gläubig zu ihm spricht:*
*Christus, meine Zuversicht.*

Das ist es! Die Auferstehung Jesu Christi von den Toten gibt uns eine ganz neue Perspektive für das Leben und für den Tod: Der Tod ist jetzt für uns der Eingang ins ewige Leben. Wir finden Trost in Todesnot. Das ist Ostern! Das feiern wir!

AMEN!

**Lobe den Herren, den mächtigen König der Ehren**

Liebe Gemeinde,

der Dichter dieses international wohl bekanntesten deutschen Kirchenlieds – es gibt Übersetzungen in mehr als 30 Sprachen – wurde nur 30 Jahre alt. Er hatte kein einfaches Leben. Joachim Neander kam 1650 im vom 30jährigen Krieg verwüsteten Deutschland zur Welt, genauer gesagt in der norddeutschen Stadt Bremen. Aus einer Pastorenfamilie stammend studierte er dort ab 1666 reformierte Theologie. Prägend wurde für ihn, dass im Juli 1670 der Erweckungsprediger Theodor Undereyck Pfarrer an der Bremer St. Martinikirche wurde. Denn dieser Pfarrer führte den jungen Neander zum Glauben und vermittelte ihm eine Stelle als Hauslehrer in einer Frankfurter Kaufmannsfamilie, deren Söhne er zum Studium nach Heidelberg begleitete, wo er sein eigenes Theologiestudium fortsetzen konnte. 1673 verbrachte er einige Zeit in Frankfurt am Main, begegnete dort dem „Vater des Pietismus", Philipp Jakob Spener, und schloss sich dessen Kreisen an. 1674 wurde er als Rektor der Lateinschule mit der Zusatzaufgabe, als Hilfsprediger zu wirken, nach Düsseldorf berufen. Dort arbeitete er fünf Jahre lang. Er schrieb in dieser Zeit zahlreiche Liedtexte und -melodien und geriet schon bald mit den schulischen und kirchlichen Behörden in Konflikt, da er ausserhalb der Stadt im Flusstal der Düssel private Gottesdienste und Versammlungen durchführte. In diese Gegend zog er sich auch oft zur Erholung und zur Meditation zurück. Deshalb bekam dieser Teil des Düsseltals später den Namen Neandertal. Dort wurden 1856 Teile des bekannten, urmenschlichen Skeletts gefunden, das unter dem Namen Neandertaler bekannt wurde – kurioserweise eine späte Ehrung des Lieddichters … Im Jahr 1679 wurde Neander schliesslich als Hilfsprediger neben seinem Mentor Undereyck an die Bremer St. Martinikirche bestellt, wo er als Frühprediger jeweils den Gottesdienst um 5 Uhr morgens zu halten hatte. An diesem Ort wirkte er bis zu seinem frühen Tod am Pfingstmontag 1680 – möglicherweise starb er an der Pest. Kurz vor seinem Ableben konnte er noch eine Sammlung mit 57 eigenen Liedern veröffentlichen. Sie trug den Titel: „Alpha & Omega. Joachimi Neandri Glaub- und Liebes-übung: Auffgemuntert durch Einfältige Bundes-Lieder und Dank-Psalmen". Der Untertitel lautete: „Zu lesen und zu singen auff Reisen, zu Hauss oder bei Christen-Ergetzungen im Grünen durch ein geheiligtes Hertzens-Halleluja!"

Die Frömmigkeit, die Neander leben wollte, zielte auf das ganze Leben. Unterwegs, zu Hause und im Grünen sollte das Gotteslob erklingen – nicht nur in der Kirche zur Gottesdienstzeit. Umso mehr da die reformierten Kirchen damals noch ganz in der Tradition des Genfer Psalters standen. Gesungen wurden gereimte Formen der Psalmen. Das ist nun das Merk-Würdige an diesem Lied. Neander war in seiner Zeit ein kirchlicher Aussenseiter. Er stand für eine intensive, persönlich gehaltene Frömmigkeit im Zuschnitt des damals entstehenden

Pietismus. Ja, seine kurz vor dem Tod veröffentlichten Lieder waren nicht im damaligen Sinn Kirchen-Lieder. Und doch wurde gerade dieser Choral Inbegriff eines grossen Kirchenlieds. Mehr noch: Es wurde das international bekannteste und meistübersetzte deutsche Kirchenlied. In unserem Gesangbuch ist Neander mit sechs Liedern vertreten.

*Lobe den Herren, den mächtigen König der Ehren;*
*lob ihn, o Seele, vereint mit den himmlischen Chören.*
*Kommet zuhauf, Psalter und Harfe, wacht auf,*
*lasset den Lobgesang hören.*

Jede der fünf Strophen beginnt mit der Aufforderung Lobe den Herren! In der ersten Strophe wird deutlich, dass hier die eigene Seele zum Lob aufgefordert wird. Der Dichter führt einen inneren Dialog –den Appell zum Gotteslob richtet er an sich selbst. Damit steht er in der Tradition der biblischen Psalmgebete. Lobe den Herrn, meine Seele! So beginnen beispielsweise die Psalmen 103,104 und 146. Weder das Beten im Allgemeinen noch das Gotteslob im Speziellen fallen uns Menschen einfach so in den Schoss!

Diese erste Strophe bringt uns auf ungewohnte Gedanken. Unser Gotteslob steht in einem viel grösseren Zusammenhang, als wir das normalerweise ahnen. Wenn es dazu kommt, dass ich Gott lobe, dann bin ich damit nicht allein. Dann stimme ich mit ein in den Gesang der himmlischen Chöre, ins Lob der Engel. Denken wir daran? Ich und die Engel – wir loben Gott, den Schöpfer von Himmel und Erde gemeinsam. Das Gotteslob soll durch Deine Stimme, durch meine Stimme, durch unsere Stimmen hörbar werden. Auch Instrumente – hier Psalter (eine Art Zither) und Harfe – sind willkommen, dieses Lob zu begleiten. Es soll ein volles, kräftiges, umfassendes Lob werden.

Unser Lob braucht keine weichgespülten Lebensumstände. Wir denken an Neander und sein schwieriges Leben. Wir denken an Paulus und Silas, die um Mitternacht im Gefängnis von Philippi einen Gesang anstimmen – einen Lobgesang! (vgl. Apg 16) Einstimmen ins Gotteslob – nicht nur in Gesundheit, sondern auch in Krankheit. Einstimmen ins Gotteslob – im Erfolg und auch im Misserfolg. Einstimmen ins Gotteslob – wenn's mir gut geht und auch dann, wenn's mir schlecht geht. Wenn ich fröhlich bin und wenn ich traurig bin. Wenn ich Streicheleinheiten bekomme und wenn ich geschmäht werde.

Unser Lob-Lied enthält eine Fülle von einprägsamen Bildern und Formulierungen. In der zweiten Strophe ist es das Bild vom Adler: … der wie auf Flügeln des Adlers dich sicher geführet … Dieses Bild ist aus der Bibel geschöpft (2. Mose 19,4): Der lebendige Gott, der die Seinen auf Adlersflügeln trägt. Lange Zeit hielt man das für einen Ausdruck der blühenden Fantasie frommer Menschen. Doch erst in den letzten Jahrzehnten hat man dieses Phänomen beobachtet und erforscht. Der bekannte Verhaltensforscher und Tierschriftsteller Vitus B. Dröscher schreibt darüber:

(1978) „berichteten zwei Vogelforscher übereinstimmend, einer aus den Rocky Mountains im Westen der USA und einer aus den österreichischen Alpen, dass sie das gleiche Phänomen beobachtet hätten, und zwar beim Steinadler (...). Das Interessante dabei ist, dass gerade der Steinadler der einzige grosse Greif ist, der auch in den bis zu 2600 Meter hohen Gebirgsmassiven der Halbinsel Sinai brütet! Seinen Horst errichtet er hoch oben in einer für Feinde möglichst unzugänglichen Steilwand. Von hier aus braucht das Junge beim ersten Ausflug nur einen kleinen Hops zu machen und die Flügel im richtigen Augenblick weit auszubreiten, um gleich seine ersten Kreise im Hangaufwind zu ziehen. In der Praxis schaffen das jedoch nur die wenigsten auf Anhieb meisterhaft. Viele sind erst etwas unbeholfen, wohl auch ein wenig ängstlich. Vor Aufregung stellt der kleine Flugschüler den Winkel seiner Flügel noch nicht richtig ein, versucht zu rudern, macht dadurch alles nur noch schlimmer und stürzt wie ein Springer, bei dem sich der Fallschirm nicht öffnet, nach unten. Aber beide Eltern geben Obacht. Spätestens nach einem Sturz von hundert Metern Tiefe oder wenn der Kleine auf einen Felsvorsprung zu trudelt, sind sie gleich zur Stelle. Die Mutter, die körperlich grösser als der Vater ist, gleitet unter ihr Kind, fängt es auf und trägt es auf ihren Flügeln an einen sicheren Ort. Beim zweiten Start klappt dann alles schon viel besser, und beim dritten Versuch ist der junge Vogel schon ein recht perfekter Flieger." (Vitus B. Dröscher: ... und der Wal schleuderte Jona an Land. Die Tierwunder der Bibel naturwissenschaftlich erklärt, Augsburg 1992, 82-83)

Was für ein starkes und tröstliches Bild. Der lebendige und barmherzige Gott, der da ist, wenn ich meine Flugversuche mache, der meine Unsicherheit kennt, der mich im Fallen auffängt. Ich bin geborgen in dem Gott, der mich hält und trägt, wenn ich falle. Ich falle nicht tiefer als in seine Hände.

*Lobe den Herren, der künstlich und fein dich bereitet,*
*der dir Gesundheit verliehen, dich freundlich geleitet.*
*In wieviel Not hat nicht der gnädige Gott*
*über dir Flügel gebreitet.*

Auch die dritte Strophe enthält eine Fülle von Formulierungen, die es in sich haben. Wieder ist von Flügeln die Rede, doch diesmal sind es nicht die Flügel unter uns, die uns auffangen, sondern die Flügel über uns, die schützend ausgebreitet sind. Dann ist davon die Rede, dass wir künstlich und fein bereitet sind. Du und ich – wir können mit unserer Nase 10'000

Gerüche und mit unseren Augen 7 Millionen Farbnuancen unterscheiden. 200 Muskeln spielen zusammen, wenn wir einen Schritt gehen. Wir bringen es auf Höchstgeschwindig–keiten beim Niesen (160 km/h) und beim Husten (900 km/h). Unser Hirn hat Speicher-kapazitäten für 20‘000 Lexika.

Doch die Formulierung dieser Strophe, die mir am meisten zu denken gibt, weil sie unserem heutigen Verständnis komplett widerspricht, sind die beiden schlichten Worte: Gesundheit verliehen... Das gefällt uns nicht! Wir betrachten Gesundheit in unserer Zeit als Besitz, aber nicht als Leihgut. Wir denken, wir hätten ein Anrecht, einen Anspruch auf Gesundheit. Doch wenn wir wirklich darüber nachdenken, stellen wir fest, dass der Lieddichter recht hat: Gesundheit ist uns nur verliehen. Zu Recht müssen wir uns fragen lassen: Sind wir dankbar für Gesundheit? Und: Denken wir bei Krankheit daran, dass Gesundheit eben ein geliehenes Gut ist?

Die letzten beiden Strophen bilden das Finale. In der vierten Strophe geht es um Segen. Gottes Segen liegt mitten im Alltäglichen und manchmal gerade im Kleinen und Unscheinbaren. Gottes Segen ist wie ein wohltuender Regen. Gott, der Starke und Mächtige, begegnet Dir mit Liebe – das ist der Kern dessen, was mit Segen gemeint ist. In der fünften Strophe werden die Dimensionen des Gotteslobs gewaltig ausgedehnt: personell, räumlich und zeitlich. Lob ihn mit allen, die seine Verheissung bekamen. Man kann mit Recht fragen, wie gross denn dieser Kreis ist, den der Lieddichter hier anspricht. Sind nicht alle Menschen im Fokus der göttlichen Verheissungen? Auf jeden Fall ist dieser Kreis sehr gross. Es gibt Ähnlichkeiten zur ersten Strophe: Als Einzelner, der ins Lob einstimmt, bin ich Teil einer viel grösseren Bewegung, die lange vor mir bereits angefangen hat. Ich bin Teil einer riesigen Gemeinschaft, die das Gotteslob anstimmt – in der Vergangenheit, in der Gegenwart und in der Zukunft.

Zu Recht wurde immer wieder kritisiert, dass das Schwere, das Leidvolle, das Problematische, das Verzweifelte des Lebens in diesem Lied fehlt – oder in der dritten Strophe (in wie viel Not) nur kurz angedeutet wird. Und doch erlebte Joachim Neander in seinem Leben ein gerüttelt Mass davon. Trotzdem lobte er Gott. Sein Leiden, sein schwieriger Weg, seine Nöte hielten ihn nicht davon ab, das Lob Gottes anzustimmen. Lob? Ja, manchmal ist es fröhliches Lob – und manchmal auch trotziges Lob. Das können wir bei ihm lernen: unser Gotteslob soll hier und jetzt hörbar werden – und in Ewigkeit nicht aufhören.

*Lobe den Herren, was in mir ist, lobe den Namen.*
*lob ihn mit allen, die seine Verheissung bekamen.*

*Er ist dein Licht; Seele, vergiss es ja nicht.*
*Lob ihn in Ewigkeit.*

AMEN!

**Lobt Gott ihr Christen alle gleich**

Liebe Gemeinde,

Weihnachten und das Erzgebirge – das passt zusammen. Und aus dem böhmischen Erzgebirge kommt auch unser Weihnachtslied. Dort, ganz im Westen von Tschechien, liegt Jachymov, eine Ortschaft mit heute etwas mehr als 3000 Einwohnern. Dieser Ort hiess früher Joachimsthal und wurde von Deutschen besiedelt. Wenn man nachforscht, stellt man überrascht fest, dass wir diesem Ort die Bezeichnung Thaler für eine Silbermünze – als Abkürzung von Joachimsthaler – und abgeleitet davon die Bezeichnung Dollar verdanken! Im Jahr 1516 öffnete Graf Stephan von Schlick dort eine verfallene Silbergrube und nahm sie wieder in Betrieb. Damit löste er in dem kleinen, unscheinbaren Ort einen richtigen Boom aus. Innerhalb von wenigen Jahren wuchs die Stadt durch Neuzugezogene auf 18'200 Einwohner (1534) an – sie wurde eine für damalige Verhältnisse grosse und bedeutende Stadt. Etwa die Hälfte der Einwohner war im Bergbau in einer Vielzahl von Gruben tätig. Neben reichen Silbervorkommen wurden auch Zinn und Blei, Eisen und Halbedelstein abgebaut. Die Stadt erhielt sogar ein eigenes Münzrecht: Das Ergebnis war der Joachimsthaler mit 27 Gramm Bergsilber. Taler wurde die Bezeichnung für alle gleichwertigen Silbermünzen.

In Joachimsthal – damals also eine bedeutende Stadt – wirkten zwei Männer: der eine war Pfarrer, der andere Schulmeister und Kantor. Sie waren Freunde und arbeiteten als gutes Gespann eng zusammen. Pfarrer Johann Matthesius (1504-1565) hatte sich früh der Reformation angeschlossen, war zunächst Rektor an der Lateinschule in Joachimsthal, kehrte etwas später in die Universitätsstadt Wittenberg zurück, um sein Theologiestudium abzuschliessen. Dort trat er in enge Verbindung mit den beiden Reformatoren Martin Luther und Philipp Melanchthon, wurde sogar von Luther selbst zum Pfarrer ordiniert und wirkte schliesslich während 20 Jahren von 1545 bis zu seinem Tod 1565 als Pfarrer in Joachimsthal. Er war einer der ersten Biographen Martin Luthers und überlieferte dessen legendäre Tischreden.

Sein Freund Nikolaus Hermann (um 1500-1561) arbeitete während mehr als 40 Jahren als Lehrer in Joachimsthal. Auch er hatte sich früh der Reformation Luthers angeschlossen und wirkte in diesem Sinn. Er hatte das besondere Talent, die kirchliche Lehre und die Sonntagspredigten seines Freundes in einfache, verständliche Verse zu giessen und sie mit einer passenden Melodie zu verbinden. Eine alte Quelle berichtet über diese Zusammenarbeit:„Herman war des Mathesius guter alter Freund. Wenn Herr Mathesius eine gute Predigt getan hatte, so ist der fromme Kantor geschwind da gewesen und hat den Text mit den vornehmsten Lehren in die Form eines Gesanges gebracht, weil sich auf eine gute Predigt ein schöner Gesang gehört."

101 solche Lieder sind von ihm überliefert. Unser Weihnachtslied ist das bekannteste davon. Es erschien 1560 – ein Jahr vor dem Tod Hermanns - in einer Sammlung mit dem Titel „Die Sonntags-Evangelia über das Jahr in Gesänge verfasset für die Kinder und christlichen Hausväter". Es waren also Kinderlieder für den Gebrauch zuhause. Für unser Lied nutzte er eine damals bekannte Tanzmelodie. Wir haben also gerade ein Kinderlied mit der Melodie eines Tanzlieds gesungen. Und dieses Lied war ursprünglich gar nicht für den Gemeindegesang, sondern für den Hausgebrauch gedacht …

*Lobt Gott, ihr Christen alle gleich,*
*in seinem höchsten Thron,*
*der heut' schliesst auf sein Himmelreich*
*und schenkt uns seinen Sohn,*
*und schenkt uns seinen Sohn.*

Unser Lied erklärt die Bedeutung von Weihnachten! Weihnachten bedeutet schlicht und einfach: Der Himmel ist wieder offen! Gott hat die Türe – die verschlossene Türe – an Weihnachten weit aufgetan. Jetzt ist – mit dem Kommen von Jesus – der Zugang zu Gott wieder offen. Die Geburt des Erlösers schlägt eine Brücke zwischen Himmel und Erde. Gott kommt zu uns in diesem Kind, damit wir Menschen wieder Zugang zu Gott haben. Weihnachten ist – wie ein Pfarrkollege treffend gesagt hat – „der grosse göttliche Reset". Die Paradiesgeschichte ganz am Anfang der Bibel mit der verschlossenen und von Engeln bewachten Himmelspforte wird umgekehrt. Der Himmel ist wieder geöffnet!

Die angemessene Reaktion auf unserer Seite ist Lob und Anbetung. Dafür finden wir zwei eindrückliche Beispiele in den Weihnachtsgeschichten im Evangelium (Matthäus 2/Lukas 2). Sie sind unsere Vorbilder, wenn es darum geht, Gott zu loben und ihn anzubeten. Anbetung heisst: Den weiten Weg unter die Füsse nehmen, Jesus suchen und finden, ihm das ganz grosse Geschenk bringen, vor ihm auf die Knie fallen. Das war die Anbetung der Weisen aus dem Morgenland. Anbetung heisst: Das Lob der Engel hören und mit einstimmen – den Zuspruch hören: Fürchte Dich nicht! – die gute Nachricht hören: Euch ist heute der Heiland geboren! Dann zum Kind in der Krippe gehen und Gott loben für das Wunder der Christnacht! Das war die Anbetung der Hirten.

Lobt Gott, ihr Christen alle gleich … Folgen wir dieser Aufforderung? Unser Lob hat diesen Grund: Gott hat den Himmel aufgeschlossen! Das ist überhaupt nicht selbstverständlich, denn der Himmel war lange verschlossen! Das ist Weihnachten: der offene Himmel! Lobt Gott für das Wunder von Weihnachten! Liebe Christen, macht es wie die Weisen und die Hirten!

Die erste Strophe nennt das grösste Geschenk überhaupt: Gott schenkt uns seinen Sohn. Der grosse Gott, der gewaltige und für uns Menschen eigentlich unnahbare Gott, macht sich auf, öffnet sich für uns Menschen, setzt sich in Bewegung und kommt als kleines Kind zu uns. Gott bleibt nicht fern – er kommt uns Menschen ganz nahe.

*Er kommt aus seines Vaters Schoss*
*und wird ein Kindlein klein;*
*er liegt dort elend, nackt und bloss*
*in einem Krippelein,*
*in einem Krippelein,*

*entäussert sich all seiner Gwalt,*
*wird niedrig und gering*
*und nimmt an eines Knechts Gestalt,*
*der Schöpfer aller Ding,*
*der Schöpfer aller Ding.*

Weihnachten bedeutet: Gott wird einer von uns. Er fängt an wie jeder Mensch auf dieser Welt – als kleines Kind. Jedes Kind kommt nackt und bloss zur Welt – auch der Erlöser und Befreier geht genau diesen Weg. Er geht ganz hinein ins menschliche Leben. Was für ein Gott!

Weihnachten bedeutet: Gott wird niedrig und gering. Er geht mit radikaler Konsequenz seinen Weg in die Niedrigkeit. Im Vordergrund steht die Krippe von Bethlehem. Im Hintergrund steht bereits das Kreuz von Golgatha. Beides gehört zusammen. Wir haben einen Gott, der sich mit den Niedrigsten und Geringsten gleichstellt. Der Lieddichter zitiert Teile aus dem Christushymnus des Philipperbriefs (2,7-8): Jesus Christus „entäusserte sich selbst und nahm Knechtsgestalt an, ward gleich wie ein andrer Mensch und an Gebärden als ein Mensch erfunden. Er erniedrigte sich selbst und ward gehorsam bis zum Tode, ja bis zum Tode am Kreuz." Weihnachten bedeutet: Gott geht in die tiefsten Tiefen unseres menschlichen Lebens hinein. Selbst dort ist Gott mit uns – mit Dir und mit mir. Das sehen wir an Weihnachten. Das sehen wir am Karfreitag. Krippe und Kreuz gehören zusammen.

*Er wird ein Knecht und ich ein Herr;*
*Das mag ein Wechsel sein.*

*Wie könnt es doch sein freundlicher,*
*das herze Jesulein,*
*das herze Jesulein.*

Weihnachten bedeutet: Gott bietet uns einen Tausch an – den Tausch unseres Lebens. Zuerst: Gott tauscht – wird vom Herrn zum Knecht. Gott tauscht den Himmel ein und erhält dafür den Stall, die Krippe und das Kreuz. Nun sind wir dran. Wir bringen unseren Tod – und wir tauschen ihn gegen ewiges Leben. Wir bringen unsere Verzweiflung – und wir erhalten dafür neue Hoffnung. Wir bringen unser Versagen in Gedanken, Worten und Taten, unsere Sünde – und wir erhalten dafür Vergebung und Gerechtigkeit. Was für ein Tausch, den der lebendige Gott uns an Weihnachten anbietet! Nimm ihn an! Schlage ein!

*Heut schliesst er wieder auf die Tür*
*Zum schönen Paradeis;*
*der Kerub steht nicht mehr dafür.*
*Gott sei Lob, Ehr und Preis,*
*Gott sei Lob, Ehr und Preis.*

Mit der letzten Strophe kehren wir wieder an den Anfang zurück: An den Anfang des Lieds – und ganz an den Anfang der Bibel. Dort wird im dritten Kapitel – nach dem Versagen von Mann und Frau – der Himmel geschlossen und mit einer Engelswache versehen: „die Cherubim mit dem flammenden, blitzenden Schwert“. (Gen 3,24) Weihnachten bedeutet: Gott zieht den Wachposten ab - der Himmel ist wieder offen. An Weihnachten nimmt der lebendige Gott – im Bild gesprochen – den Schlüssel hervor und schliesst den Himmel auf.

Liebe Gemeinde,

durch das Kind in der Krippe, den Mann am Kreuz, den Überwinder des Todes – durch Jesus Christus ist der Himmel wieder offen. Offen für Dich. Offen für mich. Offen für alle Menschen. Das ist nicht selbstverständlich. Es ist ein Wunder! Das Wunder, das mit Weihnachten seinen Anfang nimmt. Wo wir das erfassen, da stimmen wir ein in die Worte des Lieddichters: Gott sei Lob, Ehr und Preis!

AMEN!

**Macht hoch die Tür**

*Macht hoch die Tür, die Tor' macht weit,*
*es kommt der Herr der Herrlichkeit,*
*Ein König aller Königreich',*
*ein Heiland aller Welt zugleich,*
*der Heil und Leben mit sich bringt;*
*Derhalben jauchzt, mit Freuden singt:*
*Gelobet sei mein Gott,*
*Mein Schöpfer, reich von Rat!*

*Er ist gerecht, ein Helfer wert,*
*Sanftmütigkeit ist sein Gefährt,*
*sein Königskron' ist Heiligkeit,*
*sein Zepter ist Barmherzigkeit.*
*All unsre Not zum End' er bringt.*
*Derhalben jauchzt, mit Freuden singt:*
*Gelobet sei mein Gott,*
*Mein Heiland, groß von Tat!*

*O wohl dem Land, o wohl der Stadt,*
*so diesen König bei sich hat!*
*Wohl allen Herzen insgemein,*
*da dieser König ziehet ein!*
*Er ist die rechte Freudensonn',*
*bringt mit sich lauter Freud' und Wonn'.*
*Gelobet sei mein Gott,*
*Mein Tröster, früh und spat!*

Liebe Gemeinde,

Weissel heisst er – Georg Weissel. Pfarrer war er – evangelischer Pfarrer. Fast sein ganzes Leben spielte sich in der gleichen Gegend ab – in Ostpreussen. Geboren und aufgewachsen ist er in Domnau, 40 km südlich von Königsberg. Sein Vater wirkte dort als Bürgermeister. Bereits als Elfjährigen treffen wir Weissel in Königsberg (seit 1946 heisst die Stadt Kaliningrad) – später studierte er dort von 1608-1611 Theologie. Er bereiste während den folgenden drei Jahren studienhalber Europa (u.a. Wittenberg, Strassburg und Basel), wirkte anschliessend drei Jahre lang als Lehrer und Schulrektor in Friedland (ebenfalls in

Ostpreussen), lebte ab 1617 erneut in Königsberg und arbeitete ab 1623 als neu gewählter Pfarrer an der neu erbauten Altrossgärter Kirche von Königsberg. Bis zu seinem Tod versah er zwölf Jahre dieses Pfarramt. 23 Dichtungen für Kirchenlieder hat er hinterlassen. Unser Adventslied „Macht hoch die Tür“ ist eines dieser Lieder – mehr noch: Es ist seine bekannteste Lieddichtung.

Königsberg? Der Name dieser Stadt macht mich stutzig! Denn im Lied ist in den ersten vier Strophen ständig vom König die Rede. Ist das eine Anspielung auf den Namen seines Wohnorts? Ein König aller Königreich (Strophe 1) - mit Königskron (Strophe 2) – O wohl dem Land, o wohl der Stadt (!), so diesen König bei sich hat (Strophe 3) – ... so kommt der König auch zu euch (Strophe 4). Ein Königsberger Pfarrer dichtet ein Adventslied auf den König aller Könige, den Herrn aller Herren. Damals war der traumatische 30-jährige Krieg im Gang. Könige zogen mit ihren Armeen umher, kämpften gegeneinander, marschierten in Städte ein. Alle diese Könige liessen eine Spur der Verwüstung hinter sich zurück: Zerstörung, Hunger, Flüchtlinge, Verwundete, Tote, Waisen und Witwen. Doch der König unseres Lieds hier ist anders – ganz anders. Er bringt nicht Verwüstung und Tod – sondern Heil und Leben. Er ist nicht gewalttätig, sondern friedfertig, sanft und gerecht. Wohl den Menschen, die einen solchen König haben!

Hatte Pfarrer Weissel seine Bibel aufgeschlagen, als er mit dem Dichten anfing?
Machet die Tore weit und die Türen in der Welt hoch, dass der König der Ehre einziehe! Wer ist der König der Ehre? Es ist der HERR, stark und mächtig, der HERR, mächtig im Streit. Machet die Tore weit und die Türen in der Welt hoch, dass der König der Ehre einziehe! Wer ist der König der Ehre? Es ist der HERR Zebaoth; er ist der König der Ehre. (Psalm 24,7-10)

Der Anklang ist so deutlich, dass wir Zufall ausschliessen können. Aber Weissel ging von Psalm 24 weiter zum Propheten Sacharia (9,9) und zum Evangelisten Matthäus (21,1-9). Dieser hier besungene König ist Jesus, der in Jerusalem einzieht und schliesslich am Kreuz stirbt. Dieser König ist stark und mächtig auf eine andere Art. Er ist stark durch seine Gerechtigkeit, Barmherzigkeit und Sanftmut. Das ist wahre Stärke! Müssen wir das nicht vom Evangelium her neu buchstabieren lernen – auch hier bei uns? Auch in unserer Wirtschaft – auch in unserer Politik? Gerechtigkeit als Stärke? Barmherzigkeit als Stärke? Sanftmut als Stärke? In der Person dieses Königs, Jesus, finden wir genau diese starke Kombination von Gerechtigkeit und Sanftmut.

Die fünf Strophen von Georg Weissel sind kunstvoll und sorgfältig gedichtet. Die ersten beiden Strophen malen uns das Bild dieses einziehenden Königs vor Augen, die beiden folgenden Strophen schildern die Orte, in die er einzieht. In der fünften Strophe wird der

Einzug ins eigene Herz mit einem persönlich gehaltenen Gebet geschildert. Dieses Einziehen des Königs wird im Ablauf des Lieds auf raffinierte Weise immer stärker zugespitzt: Zuerst soll er in die ganze Welt, dann in Land und Stadt, und schliesslich ins eigene Herz einziehen. Überall soll er einziehen – dieser König.

Advent! Unser Wort Advent kommt vom Lateinischen adventus und bedeutet „Ankunft". Es geht um die Ankunft des Königs aller Könige, des Herrn aller Herren. Die Adventszeit hat ihren Sinn darin, dass wir uns vorbereiten auf diese Ankunft Jesu'. Dass wir es zum ersten Mal oder erneut sagen können: Komm!

Im Advent 1523 wurde die neu erbaute Altrossgärter Kirche vom neu gewählten Pfarrer Georg Weissel eingeweiht. Für diesen Anlass schrieb er unser Adventsgedicht. Gesungen wurde es auf eine Melodie, die heute in Vergessenheit geraten ist. Die heute gebräuchliche Melodie stammt von 1704. Die Altrossgärter Kirche wurde im Zweiten Weltkrieg schwer beschädigt und ihre letzten Reste verschwanden 1968 ganz. Doch drehen wir den Film zurück: Advent 1623. Die Kirche wird eingeweiht und dieses Lied wird gesungen. Es ist ein starkes Signal: Dieser König soll bei uns, hier in Königsberg und in unsere neue Königsberger Kirche, einziehen. Wir heissen ihn herzlich bei uns willkommen. Wir machen die Tore unserer Kirche weit. Eigentlich wird mit den Worten des Liedes das Signal gesetzt: Dieses Haus gehört dem König aller Könige!

Es gibt noch eine Geschichte, die mit Georg Weissel, mit dieser Kirche in Königsberg und mit diesem Lied zu tun hat. Ob sie sich genau so zugetragen hat, weiss ich nicht, aber sie zeigt sehr schön den Sinn dieser Liedzeilen. Ob wir diesen König willkommen heissen, zeigt sich in unserem Umgang mit den Armen und Kranken! Werner Krause hat sie in seiner Erzählung „Es kommt der Herr der Herrlichkeit" festgehalten. Ein Jahr nach der Einweihung der Kirche soll sich 1624 folgendes zugetragen haben: Die Leute im Königsberger Stadtteil Altrossgarten freuten sich über ihre eigene neue Kirche, vor allem die Bewohner im nahe gelegenen Armen- und Siechenhaus (= „Spital"). Denn für sie war vorher der Weg zum Königsberger Dom zu weit gewesen. Doch einer spielte den Spielverderber: der neureiche Fisch- und Getreidehändler Sturgis, der kurz zuvor am Rossgärter Markt ein stattliches Haus gekauft hatte. An seinem Gartenzaun führte der Fussweg vorbei, den diese Armenhäusler benutzten, wenn sie in die Stadt gingen oder den Gottesdienst besuchten. Sturgis ärgerte sich über den elenden Anblick dieser armseligen Gestalten, kaufte kurzerhand die Wiese samt Fussweg und legte darauf einen Gartenpark an – umzäunt! In Richtung Armenhaus baute er ein prächtiges Tor, das verriegelt war, und in Richtung Stadt liess er für sich eine kleine Pforte einbauen, damit er von dort direkt zur Kirche und zur Stadt laufen konnte.

Mit anderen Worten: Den Armen und Kranken war der Weg zur Kirche und zur Stadt versperrt. Sie mussten einen weiten Umweg um den schönen Garten des reichen Sturgis machen! Natürlich waren viele Leute sauer. Die Klagen blieben auch Pfarrer Weissel nicht verborgen – doch er hatte eine Idee. Mit der nächsten Adventszeit kam die Zeit des Kurrendesingens. Der beteiligte Chor hatte kurzerhand beschlossen, dem arroganten Sturgis einen Denkzettel zu verpassen und das Singen in seinem Herrschaftshaus ausfallen zu lassen. Doch Weissel sah es anders. Er reihte sich in den Chor ein und begleitete die Sänger. Hinter dem Chor zogen die Alten und die Kranken mit ihren Stöcken und Krücken. Als sie beim verrammelten Gartentor von Sturgis ankamen, schaute der Kaufmann verdutzt aus dem Fenster. Wollten sie beim Gartentor singen? Sturgis kam aus dem Haus und wollte das Tor öffnen. Doch zuerst hielt der Pfarrer eine kleine Ansprache. Er sprach vom König aller Könige, der auch heute vor verschlossenen Herzenstüren warte und Einlass begehre – auch beim Kaufmann Sturgis. Dabei zeigte er auf die Schar der Alten und Kranken. In diesem Augenblick begann der Chor zu singen: Macht hoch die Tür, die Tor macht weit … Bei der zweiten Strophe zog Sturgis den Schlüssel aus seiner Tasche und öffnete das Tor mit seinen schweren Eisenflügeln. Als das Lied zu Ende war, bat er alle in sein Haus und bewirtete sie wie gewohnt. Die Lektion hatte er verstanden. Das Tor blieb von da an offen für alle. Auch die Armen und Kranken konnten wieder wie früher auf dem Fussweg zur Kirche und zur Stadt, von nun an durch den schönen Park. Die Königsberger nannten diesen kleinen Weg durch den Park seitdem ihren „Adventsweg“ …

„Macht hoch die Tür, die Tor macht weit …“ Das ist ein Aufruf, eine Aufforderung. Tür und Tor stehen an der Schnittstelle zwischen innen und aussen. Die Tür eines Hauses. Das Tor eines Parks, eines Hofs oder einer Stadt. Tür und Tor hochziehen und weit öffnen für den König der Welt. Das ist ein deutliches Zeichen: Wir sind bereit – der König ist herzlich willkommen! Er soll einziehen und hereinkommen! Und: Die Erzählung sagt es freundlich – wenn Tür und Tor für ihn offen stehen, dann ist es auch für unsere Mitmenschen, für unsere Nächsten, für die Armen und Kranken offen. Wie sagte es Jesus an einer Schlüsselstelle im Evangelium? Was ihr getan habt einem unter diesen meinen geringsten Brüdern, das habt ihr mir getan. (Matthäus 25,40)

Das Evangelium vom Kommen Gottes in unsere zerrissene Welt in der Person von Jesus zielt auf unsere Türen und Tore – ganz wörtlich und auch im übertragen Sinn: auf unsere Herzenstüre. Ist sie weit offen? Ist sie geschlossen und verriegelt? Ist sie einen Spalt breit offen? Direkt gefragt: Ist Deine Herzenstüre offen für diesen ganz anderen König aller Königreiche, für diesen Heiland aller Welt?

*Komm, o mein Heiland Jesu Christ,*
*mein's Herzens Tür dir offen ist!*
*Ach zieh mit deiner Gnade ein,*
*dein Freundlichkeit auch uns erschein.*
*Dein Heil'ger Geist uns führ' und leit'*
*den Weg zur ew'gen Seligkeit!*
*Dem Namen dein, o Herr,*
*sei ewig Preis und Ehr'!*

Jetzt kommt die Antwort. Es ist die Antwort des Glaubens. Sie ist voll Vertrauen: Komm, o mein Heiland Jesu Christ, meins Herzens Tür dir offen ist! Darum geht es: Ich öffne die Türe für den König der Könige. Ich öffne mein Haus für ihn. Er soll bei mir einziehen und regieren. Ja, Jesus, die Türe meines Herzens ist offen für dich. Komm herein. Kehre ein. Sei mein König!

Die kommenden Wochen der Adventszeit sind eine Einladung an uns, eine Vorbereitungszeit, dass wir spätestens an Weihnachten von ganzem Herzen sagen können: …meins Herzens Tür dir offen ist.

AMEN!

**O du fröhliche**

*O du fröhliche, o du selige,*
*gnadenbringende Weihnachtszeit!*
*Welt ging verloren, Christ ist geboren.*
*Freue, freue dich, o Christenheit!*

*O du fröhliche, o du selige,*
*gnadenbringende Weihnachtszeit!*
*Christ ist erschienen, uns zu versühnen.*
*Freue, freue dich, o Christenheit!*

*O du fröhliche, o du selige,*
*gnadenbringende Weihnachtszeit!*
*Himmlische Heere jauchzen dir Ehre.*
*Freue, freue dich, o Christenheit!*

Liebe Gemeinde,

Wer von Euch kennt Johannes Daniel Falk?
Wer von Euch kennt das Weihnachtslied „O du fröhliche"?

Eigenartig – fast alle kennen das Lied. Aber nur wenige kennen den Dichter, auf den dieses vielleicht bekannteste deutschsprachige Weihnachtslied zurückgeht … Wer sich damit befasst, stösst auf eine eindrückliche und bewegende Geschichte, die zu denken gibt.

Johannes Daniel Falk kam 1768 in Danzig zur Welt und wuchs als Sohn eines Perückenmachers und dessen Frau in ärmlichen Verhältnissen auf. Mit Hilfe von verschiedenen Personen, die seine Begabung erkannten und förderten, konnte er gegen den Willen seines Vaters das Gymnasium besuchen und abschliessen. Bereits dort fiel er durch seine Sprachbegabung und seinen bissigen Humor auf.

Mit einem Stipendium des Danziger Senats ausgerüstet nahm er das Studium der Theologie in Halle auf. Er beabsichtigt als Pfarrer seine Heimatstadt zurück zu kehren. Doch dazu kam es nicht. Falk schloss sein Studium nicht ab und ging auch nicht nach Danzig zurück. Er wandte sich der Schriftstellerei zu, schrieb Satiren und hatte einigen Erfolg damit. 1797 heiratete er Caroline Rosenfeld und zog kurz darauf mit ihr nach Weimar, damals das Zentrum der deutschen Literatur. Falk kam dort in direkten Kontakt mit Goethe, Schiller und Herder. Den

Lebensunterhalt für seine wachsende Familie verdiente er sich mit dem Schreiben von Büchern und mit politischen Ämtern.

Es war eine Zeit, in der Europa Kopf stand. Die napoleonischen Kriege verwüsteten ganze Landstriche und brachten der Bevölkerung grosses Elend und Leid. Kriegsnot, Bevölkerungswachstum, Wirtschaftskrise, Massenarmut – alles das erlebten Johannes und Caroline Falk hautnah. 1806 unterlag Preussen Napoleon und seinen Truppen. Falk versorgte die Verwundeten und richtete provisorische Verbandsplätze ein. Er half, wo er konnte. Durch seine Sprachkenntnisse wurde er als Vermittler eingesetzt. Während diesen Verhandlungen mit den französischen Truppen wurde er zum Legationsrat ernannt. Dadurch hatte er ein festes Gehalt. Wenige Jahre später zeichnete sich die Niederlage Napoleons ab. Hunger, Wirtschaftskrise, Kriegsnot, Zerstörung, Witwen und Waisen überall. Viele heimatlose Kinder und Jugendliche vagabundierten umher. Heute würden wir von Kriegswaisen und Strassenkindern sprechen.

Das Jahr 1813 wurde in mehrfacher Hinsicht zum Schlüsseljahr für Johannes Daniel Falk und seine Familie. Soldaten zogen raubend, plündernd und mordend durch die Lande. Die nächste Umgebung wurde wieder zum Kriegsschauplatz. Falk gründete eine Gesellschaft der Freunde in der Not zu Weimar. Im Herbst 1813 suchte eine schwere Typhusseuche Weimar heim. Vier von Falks sieben Kindern fielen dieser Epidemie zum Opfer. Unvorstellbarer Schmerz. Unaussprechliche Trauer.

Doch mitten im Verlust der eigenen Kinder wenden sie sich den Strassen- und Waisenkindern zu. Hier finden sie ihre neue Lebensaufgabe. Sie gründen das erste Rettungshaus in Deutschland. Falk wird vom Schriftsteller zum Waisenvater und Erzieher. Er sammelt verwahrloste Kinder und Jugendliche, sorgt für Nahrung, Kleidung, Wohnung und Bildung, vermittelt Lehrstellen. Die Gesellschaft der Freunde wird zum Mittelpunkt sozialer Arbeit inmitten des Elends.

Das war revolutionär, denn damals waren Kinder und Erwachsene in den staatlichen Arbeits- und Armenhäusern gemeinsam untergebracht. In Anlehnung an Pestalozzi, den Falk persönlich kannte und mit dem er in Briefwechsel stand, gab er seinem Rettungshaus familienähnliche Strukturen. Immer etwa 10-12 Kinder und ein erwachsener Betreuer bildeten zusammen eine Gruppe. Falk vermittelte den Kindern auch Pflegeplätze in Familien und den Jugendlichen Lehrstellen in Handwerksbetrieben. Er richtete eine Sonntagsschule ein und hielt Kindergottesdienste. Bereits 1816/17 gehörten zu seiner Einrichtung 174 Lehrlinge, 36 Schulkinder und 59 Zöglinge. Im Ganzen sollen es über 500 Kinder gewesen sein, denen das

Ehepaar Falk über die Jahre half. Ein eindrückliches Beispiel für Christsein in einer Zeit, in der es drunter und drüber ging.

In einem Brief von Johannes Falk an Pestalozzi ist zu lesen:
„In der Kriegs- und Hungersnot sass ich mit den Kindern da und hatte die Wahl, sie wieder auf die Landstrasse zu schicken, woher sie gekommen waren; aber ich hielt fest an Gott und bei meinen armen Kindern. Ich verkaufte, versetzte, wie es gehen wollte, riss die Kinder durch und habe auch nicht ein einziges fortgeschickt." Ein anderes Mal schrieb er: „Des Teils der Menschheit sollte man sich annehmen, dessen sich niemand annimmt: das Verwahrloste zurechtbringen, das Irrende aufsuchen, das Kranke heilen…" Am 14. April 1818 schrieb er in sein Tagebuch, als er den 16jährigen Krüppel Ludwig Minner hätte wegschicken sollen, weil er kein Landeskind war:

„Nach Landesgesetzen muss ich ihn abweisen, denn diese lauten so: ‚Kein Landeskind, keine Versorgung.' Armer Minner! Du hast mich zwar im Namen Christi angerufen. Was soll ich ihm an jenem Tage antworten, wenn er zu mir sagt: ‚Ich bin hungrig gewesen, und du hast mich nicht gespeist (…)' Etwa: Ja, warum warst du ein Arnstädter, die gehen mich nichts an! (…) Nein, nein! (…) Ich habe dieses arme, verlassene Kind bei Meister Querndt, dem Schneider in Kleinkromsdorf, untergebracht, obgleich ich nicht weiss, wo ich das Geld hernehmen soll."

„Ich bin hungrig gewesen …" – Worte Jesu aus dem Matthäusevangelium. Worte wie diese halfen Falk, den Glauben zu wagen und Liebe zu zeigen in unmenschlicher Zeit. Dafür riskierte er öfters Konflikte mit der Stadtregierung. Den jungen Minner brachte er sogar entsprechend seinem Wunsch bei einem Schneider unter!

Falks Rettungshaus, das später umziehen musste und unter dem Namen Lutherhof in die Geschichtsbücher einging, wurde zum Modell für weitere Rettungshäuser für Kinder und Jugendliche. Unter anderem wurde die Idee in Beuggen bei Rheinfelden und im Rauhen Haus Hamburg aufgenommen. Das Beispiel machte Schule.

„Ein Glaube ohne Liebe ist liebloser Glaube." Für Falk war Glaube auf den „in die Zeit gekommenen, erbarmenden Gott" bezogen – also auf das Weihnachtsgeschehen. Diesem Beispiel und Vorbild Gottes in der Person Jesu Christi gilt es nachzufolgen mit Haut und Haar.

Wir schreiben das Jahr 1816. Es geht auf Weihnachten zu. Pietro Granucci ist einer der Zöglinge im Rettungshaus der Falks – ein Findelkind aus Italien. Er soll das Lied O sanctissima gesungen haben – ein Marienlied. Die Melodie dieses Liedes war in Deutschland bereits durch J. G. Herder bekannt und veröffentlicht (1807: „Als schönste Probe italienischer Volkslieder steht hier das sizilianische Schifferlied mit seiner einfachen, sanften Melodie.“). Herder hatte es 1788 bei italienischen Fischern auf Sizilien gehört und notiert.

Als nun Falk dieses Lied seines Zöglings hörte, wurde er angeregt zum Schreiben eines neuen Textes. Er wollte dem Kind eine Freude bereiten und dichtete drei Strophen: je eine für Weihnachten, Ostern und Pfingsten – die drei höchsten Festtage der Christenheit. Dieses Lied schlug im Rettungshaus ein. Falk schrieb in sein Tagebuch:

„Ich freue mich, dass ich nun auch den Ton treffe, der den Kindern an das Herz geht, ich freue mich der brünstigen Andacht, mit der sie meine Lieder singen, und der Geschwindigkeit, mit welcher sie lernen. Sonderlich mit dem Allerdreifeiertagslied ‚O du fröhliche, o du selige‘ ist's mir geglückt. Ich sprach es den Kindern in der Sonntagsschule zweimal vor, da konnten es alle. Und mir gehen die Augen über, wenn nun die Kinder mit glückselig strahlenden Augen das Lied anheben, das ich für sie gedichtet.“

Ja, das Lied O du fröhliche war ursprünglich gar kein Weihnachtslied, sondern ein Allerdreifeiertagslied mit einer eingängigen Melodie. Falk wollte den Kindern und Jugendlichen christliche Inhalte mit einfachen und einprägsamen Zeilen vermitteln. Das ist ihm offenbar gelungen. Das Lied wurde zum Hit. In Schulstuben und Sonntagsschulen wurde es fleissig gesungen und fand so allmählich seinen Weg ins Kirchengesangbuch …

Ein Lied aus einer notvollen Zeit. Keine heile Welt. Keine vollen Regale. Keine hektischen Einkäufe. Keine Tannenbaum-Romantik. Ein Liedtext von einem, bei dem die Weihnachtsbotschaft konkret wurde. Falk war evangelischer Theologe, Schriftsteller, Kirchenlieddichter, Begründer der Jugendsozialarbeit, Begründer des ersten deutschen Rettungshauses für Kinder. Seine erste Strophe von damals ist auch die erste Strophe von heute. Nach Falks Tod 1826 hat einer seiner Mitarbeiter namens Heinrich Holzschuher, selbst ursprünglich ein Kind aus ärmsten Verhältnissen, die zweite und dritte Strophe zu Weihnachten gedichtet. Das ist das Weihnachtslied, das wir heute singen. Die Strophen zu Ostern und Pfingsten gerieten in Vergessenheit …

*Welt ging verloren, Christ ist geboren.*
*Christ ist erschienen, uns zu versühnen.*
*Himmlische Heere jauchzen dir Ehre.*

Eigentlich ändert immer nur eine Zeile in den drei Strophen des Weihnachtslieds. Und diese drei Zeilen sagen uns – ganz im Sinne von Johannes Daniel Falk – das einfache Evangelium, die gute Nachricht von Jesus Christus.

Von einer verlorenen Welt zu reden, fiel Johannes Falk leicht. Von dem Moment an, wo er morgens aufstand, hatte er Verlorenheit in allen Facetten vor Augen. Vielleicht fällt es uns nicht ganz so leicht wie Falk, von der Verlorenheit der Welt zu reden. Doch eine geballte Ladung Nachrichten, Tagesschau und 10vor10 könnte uns ganz in die Nähe bringen. Unsere Welt hat offensichtliche Probleme. Der Klimawandel ist nur eines davon. Wir Menschen bringen die Dinge weltweit nicht auf die Reihe, obwohl wir die Ressourcen dazu hätten. Was ist nur mit uns Menschen und mit unserer Welt los? Falk benutzt dafür den Begriff Verlorenheit. Wir haben uns selbst verloren. Wir haben unsere Bestimmung verloren. Wir haben das Ziel aus den Augen verloren.

Weihnachten zielt genau da hinein. Dieses Kind in der Krippe, dieser Gott, der als Mensch zu uns kommt, ist Gottes Antwort auf unsere Verlorenheit. Gott sucht uns Menschen und findet uns. Er bleibt nicht fern, sondern kommt uns ganz nahe, wird einer von uns, teilt unsere Freuden und unseren Schmerz. Das ist Jesus. Das ist das Kind in der Krippe. Das ist der Bergprediger. Das ist der Gekreuzigte. Das ist der Auferstandene. Das ist der Wiederkommende.

*Christ ist erschienen, uns zu versühnen.*

Wenn wir einen Buchstaben ändern, dann kommen wir in die Nähe dessen, was hier gemeint ist: versöhnen. So vieles in unserer Welt, in unserem Land, in unseren Beziehungen, in unserem Leben ist un-versöhnt. Bist Du versöhnt? Versöhnt mit Deiner Geschichte, mit Deinen Eltern, Deinem Ehepartner, Deinen Kindern? Versöhnt mit Deinem Beruf, mit Deinen Höhen und Tiefen, mit Gesundheit und Krankheit? Dieser Jesus ist gekommen, erschienen, um aus Dir und mir und uns allen versöhnte Menschen zu machen. Versöhnt mit uns selbst, versöhnt mit unseren Mitmenschen, versöhnt mit Gott. Was für ein Auftrag! Das beginnt mit Weihnachten. Wir sollen mit allem, was wir sind und haben, Teil dieser Bewegung der Versöhnung Gottes werden. Lebendiger Gott, schenke uns diese Versöhnung!

*Himmlische Heere jauchzen dir Ehre.*

Mit den himmlischen Heeren sind die Legionen von Engel gemeint. Spannend: in der Bibel ziehen die Engel nicht Ehre und Lob auf sich, sondern sie loben und ehren den lebendigen Gott! Wo das Evangelium ankommt, da ist Festfreude und Jubel. Da wird Gott geehrt und gelobt. Die Engel sind da schon längst dabei. Ob wir Menschen auch mit einstimmen? Du und ich – wir alle – die ganze Welt?

AMEN!

**O Heiland, reiss die Himmel auf**

*O Heiland, reiss die Himmel auf;*
*herab, herab vom Himmel lauf.*
*Reiss ab vom Himmel Tor und Tür,*
*reiss ab, wo Schloss und Riegel für.*

*O Gott, ein' Tau vom Himmel giess;*
*im Tau herab, o Heiland, fliess.*
*Ihr Wolken, brecht und regnet aus*
*den König über Jakobs Haus.*

Liebe Gemeinde,

„Ach, dass Du den Himmel zerrissest und führest herab ..." So lesen wir es im Buch des Propheten Jesaja (64,1). Den Himmel zerreissen. Das sind starke Worte! Gottes Heilsbringer wird angerufen, gebeten, verzweifelt herbeigesehnt, ja angefleht, die Grenze von Himmel und Erde zu durchbrechen und endlich zu kommen.

Es ist in diesen Zeilen spürbar, dass Himmel und Erde nicht problemlos zusammen kommen. Es braucht einen Eingriff von Gottes Seite mit kosmischer Tragweite. Da sind Gegensätze, Kontraste und Unvereinbarkeiten zwischen der Welt Gottes und der Welt von uns Menschen. Und diese Distanz, diese Grenze kann nur von Gottes Seite her überwunden und durchbrochen werden. Deshalb gilt die christliche Hoffnung nicht menschlichen Bemühungen, sich zum Himmel empor zu arbeiten und so der irdischen Realität zu entfliehen. Genau die umgekehrte Bewegung wird ersehnt: Dass Gott sich aufmacht, dass er den Himmel aufreisst, dass er die Grenze durchstösst und zu uns Menschen hier auf die Erde kommt. Das, was den Himmel von uns Menschen trennt, soll von Gott selbst geöffnet und damit zugänglich werden. Gottes Heiland ist derjenige, der sich aufmacht, der das verschlossene Himmelstor aufstösst, Schloss und Riegel abreisst.

Das Evangelium von Jesus nimmt diesen verzweifelten Ruf von uns Menschen auf. Und vielleicht braucht es auch Zeiten, in denen wir so verzweifelt rufen, damit wir erfassen, welche Dimension das Kommen von Gottes Heiland für unsere Welt und für uns persönlich hat. Gottes Erlöser ist tatsächlich gekommen. Er hat die Grenze zwischen Gottes Welt und unserer Welt durchstossen. Er hat dieses verzweifelte Rufen der Menschheit gehört und sich auf den Weg gemacht. Genau das feiern wir an Weihnachten: Gott hält sich nicht auf Distanz und verschanzt sich nicht im Himmel. Gott kommt zu uns, lässt sich ein auf diese Welt, die er geschaffen hat und liebt, wird selbst Mensch, teilt unser Leben, leidet mit am Elend dieser Welt.

*O Erd, schlag aus, schlag aus, o Erd,*
*dass Berg und Tal grün alles wird.*
*O Erd, herfür dies Blümelein bring,*
*o Heiland, aus der Erden spring.*

*Wo bleibst du, Trost der ganzen Welt,*
*darauf sie all ihr Hoffnung stellt?*
*O komm, ach komm vom höchsten Saal,*
*komm, tröst uns hier im Jammertal.*

Da ist wieder dieses ungestüme Flehen, diese heftige Bitte, diese drastische Aufforderung an Gottes Heiland: Spring aus der Erde! Komm und tröste uns! Und dann der eindringliche Fragesatz: Wo bleibst Du, Trost der ganzen Welt, darauf sie all ihr Hoffnung stellt? Es ist die Frage des Wartenden, der langsam ungeduldig wird, der das Gefühl bekommt: Jetzt gedulde ich mich schon so lange – ich kann einfach nicht mehr länger warten.

Wenn wir den Hintergrund dieses Adventsliedes kennen, dann verstehen wir besser, warum Gottes Eingreifen mit starken Worten erfleht wird. „O Heiland, reiss die Himmel auf" entstand in einer düsteren Zeit Europas. Man spürt diesem Lied an, dass es das verzweifelte Rufen der Menschen aufnimmt. Wir sehen die Jahreszahl 1622. Das Lied entstand während des dreissigjährigen Krieges. Erst 1648 konnte zu Münster in Westfalen ein Friede geschlossen werden, der das Ende dieses Krieges besiegelte. Dreissig Jahre Krieg: Verwüstung und Zerstörung, Verwundete und Tote, Angst und Schrecken. Mit einem Schlag versteht man das verzweifelte Rufen nach dem Eingreifen Gottes, der dieser unfassbar grossen Not und dem Jammer so vieler Menschen ein Ende bereitet!

Friedrich Spee (1591-1635) hat diese Zeilen gedichtet. Sein Leben ist gezeichnet vom Leid seiner Zeit. Er stammte aus einem adligen Geschlecht und absolvierte in Köln das Gymnasium. 1610 trat er in den Jesuitenorden ein und unterrichtete an verschiedenen Gymnasien dieses Ordens. Nach drei Jahren Theologiestudium wurde er 1622 – im selben Jahr, in dem das Lied entstand - zum Priester geweiht. Schliesslich wurde er Universitätslehrer in Paderborn, Köln und Trier.

Es war Krieg und es herrschte der Hexenwahn. Friedrich Spee bekam mit den Hexenprozessen zu tun. Er las die Verhörprotokolle mit den erpressten Geständnissen. Er stieg in die Kerker und sah die gefolterten Frauen. Er war ihr Beichtvater und begleitete sie bis zum Scheiterhaufen. Dabei wurde ihm klar, welch wahnsinniges Unrecht und unmenschliches Verbrechen hier begangen wurde. 1631 veröffentlichte er anonym ein Buch mit dem Titel Cautio Criminalis, in dem er die Hexenprozesse scharf kritisierte. Folter sei ein völlig ungeeignetes Mittel, die Wahrheit herauszufinden. Eine Veröffentlichung unter seinem Namen wäre zu gefährlich gewesen. Dennoch wurde seine Verfasserschaft bekannt und er selbst durch das Buch zum Verdächtigen. Doch er leistete dadurch einen wichtigen Beitrag, die rechtlich und human unhaltbaren Verfahren der Hexenprozesse einzudämmen.

Auch sein Sterben steht im Zeichen seiner Zeit. Die Kriegswirren holten ihn 1632 in Trier ein. Die Stadt wurde von spanischen Truppen überfallen. Viele Verwundete und Kranke lagen in Lazaretten. Der Professor half, wo er konnte und gebraucht wurde. So infizierte er sich schliesslich selbst bei der Krankenpflege – wahrscheinlich mit der Pest – und starb am 7. August 1635. Pestepidemie – Hexenwahn – Krieg. Das waren die Themen, die sein Leben prägten. So erstaunt es nicht, dass Friedrich Spee dichtet:

*Wo bleibst du, Trost der ganzen Welt,*
*darauf sie all ihr Hoffnung stellt?*
*O komm, ach komm vom höchsten Saal,*
*komm, tröst uns hier im Jammertal.*

*O klare Sonn, du schöner Stern,*
*dich wollten wir anschauen gern;*
*o Sonn, geh auf, ohn deinen Schein*
*in Finsternis wir alle sein.*

*Hier leiden wir die grösste Not,*
*vor Augen steht der ewig Tod.*
*Ach komm, führ uns mit starker Hand*
*vom Elend zu dem Vaterland.*

Finsternis und Licht – Not und Befreiung. Not und Finsternis im eigenen Leben. Not und Finsternis in einer von uns Menschen geschundenen Welt - und darin die Hoffnung auf Gottes Heiland, der Licht bringt in unsere Dunkelheit. Jesus, der sagt: „Ich bin das Licht der Welt. Wer mir nachfolgt, wird das Licht des Lebens haben.“ (Joh 8,12) „Das Volk, das in Finsternis sass, hat ein grosses Licht gesehen – und die da sassen am Ort und Schatten des Todes, denen ist ein Licht aufgegangen.“ (Mt 4,16). „Das Licht scheint in der Finsternis.“ (Joh 1,5)

Gottes Retter und Befreier bringt Licht in unsere Dunkelheit. Deshalb nimmt Licht im Weihnachtsfest einen so zentralen Platz ein. Die vielen Kerzen in der dunkelsten Zeit des Jahres, der mit Lichtern versehene Weihnachtsbaum, die Sterne in den Fenstern – all das weist auf Jesus hin, den Gott-mit-uns, den Heiland der Welt, den Befreier von uns Menschen, den Lichtbringer. Durch sein Licht sind Dunkelheit und Finsternis nicht das Letzte, Definitive, Schicksalshafte – auch wenn wir sie ernst nehmen müssen. Denn Jesus bringt Licht in unsere Dunkelheit. Das ist das Evangelium – die gute Nachricht.

AMEN!

**So nimm denn meine Hände**

*Dennoch bleibe ich stets an dir; denn du hältst mich bei meiner rechten Hand, du leitest mich nach deinem Rat und nimmst mich am Ende mit Ehren an. Wenn ich nur dich habe, so frage ich nichts nach Himmel und Erde. Wenn mir gleich Leib und Seele verschmachtet, so bist du doch, Gott, allezeit meines Herzens Trost und mein Teil. (Psalm 73,23-26) Der Herr ist mein Hirte ... und führet mich zum frischen Wasser ... Er führet mich auf rechter Strasse ... Und ob ich schon wanderte im finsteren Tal, fürchte ich kein Unglück, denn du bist bei mir... (Psalm 23)*

Liebe Gemeinde,

Welches sind die bekanntesten und beliebtesten Kirchenlieder im deutschsprachigen Raum? Untersuchungen zeigen es. Wir denken zu Recht an Lieder wie Grosser Gott, wir loben dich, Lobe den Herren, Macht hoch die Tür, Amazing Grace und Jesu, geh voran. Und da gibt es noch ein Lied. Es wird häufig in Trauergottesdiensten gewünscht und gesungen. Früher wurde es auch häufig bei Trauungen angestimmt. Es ist das Lied „So nimm denn meine Hände".

*So nimm denn meine Hände und führe mich*
*bis an mein selig Ende und ewiglich.*
*Ich mag allein nicht gehen, nicht einen Schritt;*
*wo du wirst gehen und stehen, da nimm mich mit.*

Dieses Kirchenlied ist umstritten. Den einen gefällt es, den anderen gar nicht. Die einen (wie etwa Dietrich Bonhoeffer) schätzen es als kostbares Glaubenszeugnis, die anderen verurteilen es als sentimental und kitschig. Erst in den 1990er Jahren – bei der letzten Gesangbuchrevision – wurde das umstrittene Lied ins reformierte Kirchengesangbuch der Schweiz aufgenommen. Heute schauen wir uns den Inhalt und die Entstehungsgeschichte genauer an.

Zuerst zum Inhalt! Die wichtigste Einstiegsfrage ist: Wer ist hier überhaupt das DU? Wer wird durch dieses Lied als Gegenüber angesprochen? Dass das Lied früher häufig zu Trauungen gesungen wurde, beruht auf einem Missverständnis. Man dachte an eine Braut, die zu ihrem Bräutigam sagt: So nimm denn meine Hände … Doch schon in der zweiten Zeile kommt man mit diesem Verständnis arg ins Schleudern. Kein Bräutigam kann eine Braut ewiglich führen – sondern im besten Fall bis zum seligen Ende hier in dieser Welt! Also nochmals: wer ist hier das DU?

Wenn wir an die Worte der beiden anfangs zitierten Psalmen (23/73) denken, dann können wir mit einem gewissen Recht sagen: Hier ist der lebendige Gott gemeint. Er ist es, der mich an der Hand nimmt und ewig führt. Doch bereits in der zweiten Strophe merken wir, dass das zu wenig präzise ist:

*In dein Erbarmen hülle mein schwaches Herz*
*und mach es gänzlich stille in Freud und Schmerz.*
*Lass ruhn zu deinen Füssen dein armes Kind;*
*es will die Augen schliessen und glauben blind.*

Die Frau, die diese Zeilen gedichtet hat, war mit den Worten der Bibel gut vertraut. Sie hat viele Bibelworte in ihr Gedicht hineingewoben. Ein Beispiel dafür ist: (…) zu deinen Füssen … Damit wird aufgedeckt, wer das DU ist. Es sind zwei Geschichten im Evangelium nach Lukas, die uns den Schlüssel geben. In der bekannten Geschichte von zwei Schwestern – Maria und Martha - lesen wir: Da war eine Frau mit Namen Martha, die nahm ihn (Jesus) auf in ihr Haus. Und sie hatte eine Schwester, die hiess Maria; die setzte sich zu Jesu Füssen und hörte seiner Rede zu. (Lukas 10,38-39) Maria ruhte dort, um ihm zuzuhören, um ihm und seinen Worten ihre ganze Aufmerksamkeit zu schenken. Wenige Kapitel früher lesen wir über eine andere Frau: (sie) trat hinten zu seinen Füssen und weinte und fing an, seine Füsse zu netzen mit Tränen … (Lukas 7,38)

Das DU in diesem Lied ist Jesus, der Meister des Lebens, der Gekreuzigte und Auferstandene! Um das Gedicht zu verstehen, müssen wir einfach diese Anrede gedanklich voranstellen: Jesus, so nimm denn meine Hände … Jesus, führe und leite mich in Zeit und Ewigkeit! Jesus, nimm mich mit, wo Du hingehst! Haben wir schon so gebetet?

Wieder klingen Worte aus der Bibel an. Zwischen diesen beiden Geschichten der Frauen im Evangelium nach Lukas lesen wir über Jesus und seine Jünger: Und sie gingen in ein anderes Dorf. Es begab sich aber, da sie auf dem Wege waren, sprach einer zu ihm: ich will dir folgen, wo du hingehst. Und Jesus sprach zu ihm: Die Füchse haben Gruben … (Lukas 9,57-58) Den Ausspruch dieses Mannes hat die Dichterin ebenfalls ins Lied hineingewoben! Und noch ein anderes Jesuswort aus dem Johannesevangelium klingt an, als er zu seinem Jünger Petrus sagt: Als du jünger warst, gürtetest du dich selbst und wandeltest, wo du hinwolltest; wenn du aber alt wirst, wirst du deine Hände ausstrecken, und ein anderer wird dich gürten und führen, wo du nicht hinwillst. (Johannes 21,18)

Übrigens, haben Sie die grosse Stolperstelle in der zweiten Strophe bemerkt? Blind glauben... Ich selber möchte doch lieber sehend als blind glauben! Doch wenn wir es nüchtern betrachten, so vertrauen wir häufig, ohne wirklich zu sehen! Ich vertraue beispielsweise dem Arzt, dass er mir das richtige Medikament verschreibt. Ich vertraue der Apothekerin, dass sie mir die richtige Mixtur mitgibt. Ich vertraue der Bank, dass ihre Computer richtig gerechnet haben – auch wenn ich nicht alles nachgerechnet habe. Ich vertraue dem Zugführer, dem Pilot, dem Busfahrer – auch wenn ich ihren Ausweis nicht gesehen habe. Unser Leben funktioniert nicht ohne Glauben und Vertrauen! Wir glauben oft ohne zu sehen. So wie es der Schreiber des Hebräerbriefs auf den Punkt bringt: Es ist aber der Glaube eine gewisse Zuversicht des, das man hofft, und ein Nichtzweifeln an dem, das man nicht sieht. (Hebräer 11,1 – es folgt eine Aufzählung biblischer Glaubensgestalten) Und wenn wir die Geschichte kennen, die hinter diesem Lied steckt, dann verstehen wir noch besser, was gemeint ist.

Wer hat die Melodie geschrieben? Komponist ist Friedrich Silcher (1789 – 1860). Wenn ich weitere Melodien nenne, die er komponiert hat, dann merken wir sofort: Er war ein bekannter Komponist von volkstümlichen Liedern. Aus seiner Feder stammen die Melodien von: Alle Jahre wieder kommt das Christuskind – Ich hatt' einen Kameraden – Ich weiss nicht, was soll es bedeuten. Die Melodie von So nimm denn meine Hände gehörte ursprünglich zu einem Abendlied.

Den Text verfasste die deutschbaltische Dichterin Julie Hausmann (1826-1901). Sie schrieb über ihren Lebensgang in einem Brief an den Berliner Pfarrer August Stock, abgefasst im Jahr 1898 – drei Jahre vor ihrem Tod:

„Ich bin geboren 1825 in Riga, habe aber meine Kindheit und Jugend in Mitau verbracht, wo mein Vater Oberlehrer am Gymnasium war. Als die fünfte in der Reihe von sechs Schwestern, von denen die vierte sechs Jahre älter, die sechste sechs Jahr jünger als ich war, stand ich in unserem Hause ziemlich allein (…) Den Unterricht erhielt ich in der Schule und in Privatstunden. Dann kam die gesegnete Zeit der Confirmation durch den lieben gläubigen Pastor Theodor Neander, der unserer im Rationalismus erstarrten Stadt einen neuen Lebenshauch brachte und auch mich den Heiland kennen und lieben lehrte, dass ich mich Ihm zum ewigen Eigenthum ergab. – Nach meiner Confirmation wirkte ich als Lehrerin und Erzieherin in verschiedenen Häusern (…) Unter den wenigen mir am nächsten Stehenden, welchen ich meine Lieder mittheilte, war eine Freundin, durch welche der Pastor Gustav Knak in Berlin mit ihnen bekannt wurde, worauf er sich schriftlich an mich mit der Bitte wandte, ihm meinen ganzen Vorrath an Liedern zu übersenden, damit er sie zum Besten des Findelhauses Bethesda in Hongkong herausgeben könne. (…) und so entstanden allmählig die vier Bändchen „Maiblumen" 1862-1879 von dem das 4te von dem Sohn des alten Pastors Johannes Knak herausgegeben wurde, auch erschien zwischen dem zweiten und dritten Bändchen noch eine kleine Schrift: „Bilder aus dem Leben der Nacht." (…) Im Jahre 1870 fand ich eine Heimath hier in St. Petersburg bei meiner ältesten Schwester, welche Vorsteherin der St. Annenschule war; (…)"

Julie Hausmann war zeitlebens kränklich-schwächlich. Sie litt unter häufigen Migräneanfällen und Schlaflosigkeit. Das ist der Hintergrund ihrer Gedichte: schlaflose Nächte und starke Kopfschmerzen! Als Gustav Knak (1806-1878), ein damals bekannter Berliner Pfarrer, Kirchenlieddichter und Missionsfreund, 1862 mehr als hundert ihrer Gedichte unter dem Titel Maiblumen veröffentlichte, war der Erlös für das Missionskinderheim „Bethesda" in Hongkong bestimmt. Dieses Heim kümmerte sich um ausgesetzte chinesische Waisenkinder. Eigentlich war Julie Hausmann eine „Stille im Lande" und wollte anonym bleiben. Doch dieses eine Gedicht machte sie weltberühmt. Was für eine Geschichte!

Doch es wird noch verrückter und noch tragischer! Ein Ereignis aus dem Leben von Julie Hausmann ist überliefert, das von einer persönlichen Katastrophe, von einer unsagbar leidvollen Erfahrung handelt. Leider war es mir nicht möglich, die Zuverlässigkeit dieser Geschichte niet- und nagelfest nachzuprüfen. Sie würde aber einige Zeilen des Liedes sehr gut erklären. Julie soll mit einem Pfarrer verlobt gewesen sein, der als Missionar nach Afrika oder Asien ausreiste. Ich zitiere aus einem älteren Nachschlagewerk über Kirchenlieddichter:

„Ihr zukünftiger Lebensgefährte fuhr voraus, um sich mit den Verhältnissen vor Ort vertraut zu machen und alles vorzubereiten. Auf der Missionsstation wollten beide den Lebensbund schliessen und gemeinsam wirken. Dann war es soweit. Das Schiff sollte sie ans ersehnte Ziel bringen. Ihre Gedanken eilten voraus, ihr Herz war frohgestimmt. Endlich war der Zielhafen erreicht. Aber nicht der Verlobte wartete an der Anlegestelle, sondern der Leiter der Missionsstation … (und es) wurde ihr behutsam gesagt, dass ihr Verlobter von einer heimtückischen Krankheit dahin gerafft worden war. Einige Zeit später stand sie dann an seinem Grab auf dem kleinen Friedhof." In der folgenden Nacht soll sie ihr berühmt gewordenes Lied gedichtet haben (Hermann Barth, Julie Hausmann. In: Unsere Kirchenlieddichter. Lebens- und Charakterbilder. Mit einer Einleitung von Wilhelm Nelle, 1905).

Vor diesem Hintergrund wird sofort deutlich, was gemeint sein könnte, wenn es in der dritten Strophe heisst:

*Wenn ich auch gleich nichts fühle von deiner Macht,*
*du führst mich doch zum Ziele, auch durch die Nacht.*
*So nimm denn meine Hände und führe mich*
*bis an mein selig Ende und ewiglich.*

Liebe Gemeinde,

viele von uns mussten im vergangenen Jahr Abschied nehmen: vom Ehe- und Lebenspartner, von Mutter oder Vater, von Grossmutter oder Grossvater, von Schwester oder Bruder, von Onkel oder Tante, von einem Nachbarn, einer Nachbarin, von einem Freund, einer Freundin, von einem Kollegen, einer Kollegin am Arbeitsplatz oder im Verein … Und jetzt nicht ins Bodenlose fallen. Jetzt nicht haltlos werden. Jetzt vertrauen und glauben, dass eine stärkere Hand da ist, die mich in meiner Trauer und in meiner Verzweiflung hält und trägt. Darum geht es in diesem Lied. Darum geht es im Glauben an Jesus, den Gekreuzigten und Auferstandenen. So sind wir eingeladen, diese Liedworte zu einem eigenen Gebet zu formen und laut oder leise zu sagen:

Jesus, Dir vertraue ich. Nimm meine Hände und leite mich. Halte mich fest, wenn ich nicht mehr weitersehe. Du kennst mein Leid und meinen Schmerz. Du bist stärker, stärker als der Tod. Führe mich – hier und jetzt – und in Ewigkeit. Sei Du mir ein starker Trost.

AMEN!

**Stille Nacht, heilige Nacht**

*Stille Nacht! Heilige Nacht!*
*Alles schläft; einsam wacht*
*Nur das traute hoch heilige Paar.*
*Holder Knabe im lockigen Haar,*
*Schlaf in himmlischer Ruh!*
*Schlaf in himmlischer Ruh!*

*Stille Nacht! Heilige Nacht!*
*Hirten erst kundgemacht*
*Durch der Engel Halleluja.*
*Tönt es laut von Fern und Nah:*
*Christ, der Retter ist da!*
*Christ, der Retter ist da!*

*Stille Nacht! Heilige Nacht!*
*Gottes Sohn! O wie lacht*
*Lieb aus deinem göttlichen Mund,*
*Da uns schlägt die rettende Stund,*
*Christ in deiner Geburt!*
*Christ in deiner Geburt!*

Liebe Gemeinde!

Christnacht und Weihnachten - worum geht es da eigentlich?

Es geht um drei Personen: zwei Erwachsene – Maria und Josef – und ein Kind: Jesus.
Es geht um Hirten – damals Menschen am Rand der Gesellschaft, verachtet und ausgegrenzt – denen durch himmlische Engelsboten die Ankunft des Retters verkündet wird.
Es geht um das Kind, das die Liebe Gottes in diese Welt bringt, Licht in Dunkelheit, Hoffnung in Verzweiflung, Rettung in Ausweglosigkeit.

Darum geht es, wenn wir Christnacht und Weihnachten feiern! Und genau darum geht es auch im Lied „Stille Nacht, heilige Nacht“. Ob wir diese leisen Töne hören im Lärm, der uns umgibt?

Christnacht 1818. Es ist Gottesdienst in der kleinen Dorfkirche St. Niklaus in Oberndorf bei Salzburg. Die Zeiten sind hart. Die Wunden der napoleonischen Kriege sind noch an vielen Orten sichtbar und nicht verheilt. In Oberndorf leben arme Schiffer und Schiffsbauer vom Salztransport auf der Salzach. Im Winter sind sie meist arbeitslos. Sie sind es, die als erste dieses Lied hören und singen. Stille Nacht, heilige Nacht wurde inzwischen in 330 Sprachen und Dialekte übersetzt.

Unser Gesangbuch verrät uns, dass der Text von Joseph Franz Mohr und die Melodie von Franz Xaver Gruber stammen.

„Es war am 24. Dezember des Jahres 1818, als der damalige Hilfspriester Herr Josef Mohr bei der neu errichteten Pfarre St. Nicola in Oberndorf dem Organistendienst vertretenden Franz Gruber (damals zugleich Schullehrer in Arnsdorf) ein Gedicht überreichte, mit dem Ansuchen eine hierauf passende Melodie für 2 Solostimmen sammt Chor und für eine Guitarre-Begleitung schreiben zu wollen.“ So beschrieb mehr als 30 Jahre später Komponist Gruber die Entstehungsgeschichte dieses Liedes. Gitarre in einer Kirche? Das war damals sehr aussergewöhnlich. Orgelbegleitung war der Normalfall. Es gibt jedoch Hinweise, dass eben diese lokale Orgel ausgerechnet für die Christnacht ausgefallen war und Mohr deshalb an eine Gitarre als Begleitinstrument dachte …

Josef Mohr, der Texter unseres Liedes, hatte keinen einfachen Start ins Leben. Als uneheliches Kind armer Eltern wuchs er in Salzburg auf. Dank einem Förderer konnte er das Gymnasium und anschliessend das Priesterseminar besuchen. 1815 empfing er die Priesterweihe und arbeitete danach als Hilfsgeistlicher, wobei er häufig die Stelle wechseln musste. Er wird als leutselig und volksnah geschildert, mit einem Gespür für die Nöte armer Menschen. In Oberndorf soll er ein Kind vor dem Ertrinken aus der Salzach gerettet haben. Sehr viel ist über sein Leben nicht bekannt.

Dieser Josef Mohr hat uns – zusammen mit dem Lehrer und Organisten Franz Gruber – Stille Nacht geschenkt. Entstanden aus einem Gedicht des Jahres 1816 – ursprünglich mit sieben Strophen – uraufgeführt in einer kleinen österreichischen Dorfkirche vor einem Publikum armer Salzachschiffer. Es ist schon erstaunlich, dass ausgerechnet dieses Lied eine solche Verbreitung erfuhr. Die beiden Zillertaler Sängerfamilien Rainer und Strasser nahmen es in ihr Repertoire auf und mit auf ihre Tourneen. Sie brachten es nach Deutschland und England, sangen es vor dem russischen Zaren und 1839 sogar in den USA. Katholische und evangelische Missionare verbreiteten es schliesslich in der ganzen Welt.

Natürlich – wie jedes Lied hat auch Stille Nacht, heilige Nacht seinen eigenen „Geruch". Warum ist denn das Paar so traut und hoch heilig? Warum hat das Jesuskind lockiges Haar? Warum schläft es in einem ungemütlichen Stall und in der mit Stroh ausgelegten Krippe in „himmlischer Ruh"? Warum lacht das Jesuskind? Alles das finden wir so nicht in der Bibel – es ist fantasievolle Ausmalung in der Sprache der damaligen Menschen, in der Bildwelt der Romantik …

Und trotzdem: Auch dieses Lied verkündet uns das einfache Evangelium von der umwerfenden Liebe Gottes. Da ist der lebendige Gott, der zu uns Menschen kommt in diesem Kind in der Krippe – zu Dir und zu mir, zu uns allen. Er kommt in der Geburt dieses Jesus, der unter uns lebt, der die Liebe Gottes lebt in Worten und Taten, der für uns stirbt am Kreuz und den Tod überwindet in der Auferstehung.

Den Anfang dieser Geschichte verkünden Engel den erstaunten Hirten in der Nähe von Bethlehem - einfachen und verachteten Menschen. Ihnen wird zuerst gesagt, was dann die ganze Welt und jeder Mensch hören soll:
der Retter ist da
er ist das Licht der Welt, das in die Finsternis hineinstrahlt
er ist unsere Hoffnung in Verzweiflung, unsere Rettung in Not
er ist die unübertreffliche Liebe Gottes in Person

Mir gefällt dieses Bild des lachenden Befreiers, das man allerdings in den Evangelien vergeblich sucht. Das Kind in der Krippe lacht - wie andere Kinder auch. Der Befreier der Welt, der Messias, der Gottessohn kann lachen. Er hat Humor und er versteht Humor. Wie ansteckend! Wir glauben an den Gottessohn, der lacht und dadurch Gottes umwerfende Liebe verströmt.

Wir beten:

Barmherziger Gott!

Wir staunen über das Wunder dieser Nacht,
über Dein Licht in unserem Dunkel,
über dieses Geheimnis,
das unser Verstehen übersteigt:
Du wirst Mensch.
Du kommst zu uns.
Du wirst einer von uns.

Wir loben Dich,
dass Du uns Deine Liebe in Jesus geschenkt hast.
Wir danken Dir,
dass Du uns durch ihn zu Deinen Söhnen und Töchtern machst.

Wir bitten Dich:
Gib, dass wir dieses Wunder Deiner Liebe mit unserem Leben ergreifen. Stärke unser Vertrauen zu Dir und zu Deinen Wegen mit uns. Erfülle unsere Herzen mit Deinem Frieden.

AMEN!

**Tochter Zion, freue Dich …**

*Tochter Zion, freue dich, jauchze laut, Jerusalem.*
*Sieh, dein König kommt zu dir, ja er kommt, der Friedefürst.*
*Tochter Zion, freue dich, jauchze laut, Jerusalem.*

*Hosianna, Davids Sohn, sei gesegnet deinem Volk.*
*Gründe nun dein ewig Reich, Hosianna in der Höh!*
*Hosianna, Davids Sohn, sei gesegnet deinem Volk.*

*Hosianna, Davids Sohn, sei gegrüsset, König mild.*
*Ewig steht dein Friedensthron, du, des ewgen Vaters Kind.*
*Hosianna, Davids Sohn, sei gegrüsset, König mild.*

Liebe Gemeinde,

im Jahr 1898 ereignete sich in Jerusalem etwas, das heute wenig bekannt ist. Am 29. Oktober 1898 zog ein König und Kaiser in der Stadt ein. Hoch zu Ross mit seiner Frau und einer ganzen Wagenkolonne im Gefolge. Für den königlich-kaiserlichen Einzug hatte man die Stadtmauer beim Jaffator durchbrechen lassen. Mehrere Triumphbögen zierten die mit Flaggen und Girlanden gesäumte Strasse. Auf einem Triumphbogen waren teilweise Worte aus Psalm 118 zu lesen: „Gesegnet sei, der da kommt im Namen des Herrn! Wir grüssen euch aus dem Hause des Ewigen." Zum Empfang erschien der zuständige Gouverneur aus Damaskus. Neben ihm standen die in Jerusalem zu dieser Zeit residierenden Patriarchen und Bischöfe. Auf zeitgenössischen Fotos sieht man den König und Kaiser in Paradeuniform mit Helm, seine Frau manchmal mit Sonnenschirm, dazu Begeisterte und Schaulustige links und rechts.

Einzug in Jerusalem! Aber: Es ist nicht Palmsonntag vor bald 2000 Jahren, sondern der 29. Oktober 1898. Und es ist nicht etwa Jesus, der hier einzieht. Nein! Es ist der preussische König und deutsche Kaiser Wilhelm II. mit seiner Frau Auguste Victoria und einem grossen Begleittross. Zwei Tage später, am Reformationstag, dem 31. Oktober 1898, wurde die protestantische Erlöserkirche im Beisein des Kaisers feierlich eingeweiht. Die Gemeinde sang gemeinsam im Gottesdienst: *Tochter Zion, freue dich*.

Ich könnte jetzt lange über Kaiser Wilhelm II. erzählen, über sein mangelndes politisches Fingerspitzengefühl und über seine Reise 1898 in den Orient, die zuerst nach Konstantinopel zum osmanischen Sultan führte. Dieser regierte damals über ein riesiges Reich und hatte die

Oberherrschaft über Jerusalem. Ich könnte auch erzählen über seine Schiffsreise nach Haifa und den Weg über Jaffa nach Jerusalem, über ein unglückliches Treffen mit dem Zionisten Theodor Herzl, der für eine jüdische Heimstätte unter osmanischer Oberherrschaft und deutschem Protektorat verhandelte - Kaiser Wilhelm II. lehnte schliesslich ab, weil der osmanische Sultan dagegen war. Weiter ist erwähnenswert, dass der Kaiser über Jerusalem enttäuscht war und dass er beim anschliessenden Besuch in Damaskus einen Kranz beim Grab Saladins niederlegte und dem osmanischen Sultan und 300 Muslimen versicherte, dass „der deutsche Kaiser zu allen Zeiten ein treuer Freund sein werde." Die englische und die russische Regierung reagierten gereizt auf diese Bemerkung, da Muslime auch unter ihrer Herrschaft lebten. Politisch wurden durch diese Orientreise die Beziehungen zum Osmanischen Reich gefestigt und das Projekt der sogenannten Bagdadbahn von Konstantinopel nach Bagdad aufgegleist, ein technisches Prestigeprojekt – mit deutschem Geld finanziert und von grosser strategischer Bedeutung. Denn dadurch konnte die englisch dominierte Orientroute durch den Suezkanal umgangen werden. Ja, es gäbe viel zu erzählen von dieser Orientreise des deutschen Kaisers!

Liebe Gemeinde!

Wir feiern heute Palmsonntag. Jesus kommt nach Jerusalem, zieht in Jerusalem ein. Er kommt als König – und doch ganz anders, als wir es von Kaiser Wilhelm II. gehört haben. Dieser kommt hoch zu Ross – Jesus auf einem Esel. Willhelm II. kommt in Paradeuniform – Jesus kommt in seinem einfachen Gewand. Dieser kommt mit vielen Begleitpersonen, eskortiert von Militär – Jesus kommt unscheinbar mit seinen Anhängern, seinen zwölf Jüngern. Wilhelm II. reist nach genauem Drehbuch des britischen Reiseunternehmens Thomas Cook, sein Einzug in Jerusalem ist sorgfältig orchestriert und inszeniert. Doch bei Jesus wirkt es viel unkomplizierter und spontaner. Wenn es inszeniert war, dann von höherer Stelle aus. Was für ein Gegensatz zwischen diesen beiden!

Nun möchten wir uns dem Lied zuwenden: Tochter Zion. Zion ist zunächst einmal einfach der Berg, auf dem die Stadt Jerusalem erbaut ist. Weiter ist Tochter Zion ist eine Personifizierung dieser Stadt: Tochter Zion steht für Jerusalem und für alle Personen, die darin leben. Diese sollen sich freuen, ja sogar jauchzen. Weshalb? Weil ihr König, ihr Herrscher kommt. Dieser ist aber nicht ein Kriegsherr, sondern der Friedefürst. Er kommt ganz anders als die vielen Feldherren und Herrscher, die im Verlauf der Geschichte – fast immer blutig – in Jerusalem eingezogen sind: der babylonische Herrscher Nebukadnezar, der römische Feldherr und spätere Kaiser Titus, viel später dann die Kreuzfahrer und Sultan Saladin, der die Kreuzfahrerherrschaft beendete – schliesslich Kaiser Wilhelm II.

Denken wir beispielsweise an Titus und seinen Einzug. Er belagerte im Jahr 70 unserer Zeitrechnung die Stadt Jerusalem ein halbes Jahr lang, bevor er sie erobern konnte. Der Tempel ging, nachdem Titus ihn zuvor entweiht hatte, in Flammen auf. Kein einziges Haus entging der Zerstörung. Ein Grossteil der rund 60'000 Einwohner kam ums Leben, viele landeten auf dem Sklavenmarkt, wenige konnten fliehen. Der Titusbogen in Rom erzählt heute noch von der Geschichte dieses Einzugs!

Auch hier: Was für ein Unterschied zu Jesus! Jesus zerstört nicht, sondern er wird nach seinem Einzug selbst Opfer von Zerstörung! Sein Weg führt zur Hinrichtung, nach Golgatha, ans Kreuz. Das Blut, das anschliessend vergossen wird, ist sein eigenes! Das ist der ganz andere König, den die Menschen damals am Palmsonntag feierten – den wir heute feiern! Mit Gustav Heinemann, dem ehemaligen Staatspräsidenten der Bundesrepublik Deutschland, können wir den Unterschied zusammenfassen in dem Satz: „Die Herren dieser Welt gehen, unser Herr kommt!"

Tochter Zion – wer genau hinschaut im Gesangbuch, der entdeckt, dass Melodie und Satz auf den deutschen Messias-Komponisten Georg Friedrich Händel zurückgehen, der damals in England lebte. Im Oratorium *Joshua* von 1747 taucht diese Melodie erstmals auf, allerdings mit einem ganz anderen Text: See, the conqu'ring hero comes – Seht, der siegreiche Held kommt. Später setzte er die gleiche Melodie in eine Neufassung seines Oratorium *Judas Maccabaeus* ein. Beide Male geht es um einen kriegerischen Triumphmarsch, das eine Mal für den siegreichen Kaleb, das andere Mal für den siegreichen Judas Maccabaeus, der die Besatzer aus Israel vertrieben hat. Zu Händels Zeit verwies das Lied auf einen siegreichen Feldherrn: Gemeint war der Herzog von Cumberland, der kurz zuvor im Jahr 1746 schottische Freiheitskämpfer vernichtend besiegt hatte. Seither gehörte die Melodie ins feste Repertoire englischer patriotischer Gesänge! Erstaunlich viel Schlachtgetümmel für ein Kirchenlied …

Dass diese Melodie eine neue Wendung bekam und in einen neuen Zusammenhang gestellt wurde, liegt am zweiten Namen, den wir im Gesangbuch sehen: Friedrich Heinrich Ranke, Theologe und Philologe, später dann Pfarrer (1798-1876). Durch lange Gespräche mit einem befreundeten Pfarrer auf Rügen, der ihm zum väterlichen Freund wurde, erwachte sein Glaube an den ewigen und liebenden Gott - nach einer von starken Zweifeln geprägten Phase. (Sein Bruder Leopold von Ranke wurde als Geschichtsprofessor viel berühmter als er!) Ranke dichtete seinen Text auf die bereits bekannte Melodie von Händel. Er verwendete diesen Triumphmarsch für den Einzug von Jesus am Palmsonntag.

Ein Palmsonntagslied also, das bald zum Adventslied wurde. Wir finden die Elemente des Liedes versammelt in der Lesung zum Palmsonntag aus dem Matthäusevangelium (21,1-11).

In Vers 5 finden wir das Zitat aus dem Propheten Sacharja 9,9: Saget der Tochter Zion: Siehe, dein König kommt zu dir sanftmütig und reitet auf einem Esel … Das ist sozusagen der Grundstein der ersten Strophe! In Vers 9 dann wird aus Psalm 118,26 zitiert, dem wir bereits beim Einzug von Kaiser Wilhelm II. begegnet sind: Hosianna dem Sohn Davids! Gelobt sei, der da kommt in dem Namen des Herrn! Hosianna in der Höhe! Das ist der Grundstein für die Strophen zwei und drei. Im Jahr 1826 wurde das Lied zum ersten Mal in unserer Form veröffentlicht – mit einem kleinen Unterschied zur heutigen Version. Diese Fassung hatte vier Strophen. Die Strophen 1 und 2 und 4 entsprechen unseren Strophen im Gesangbuch. Die verschwundene dritte Strophe lautete:

*Sieh! Er kömmt demüthiglich,*
*reitet auf dem Eselein.*
*Tochter Zion freue dich!*
*Hol ihn jubelnd zu dir ein.*

Nochmals klingt hier das Wort des Propheten Sacharja an. Der Esel – damals das Transporttier der armen Leute. Kein Esel taugt als „Schlachtross“! Es ist also ein „Triumphzug mit Hinkebein“, wie das der deutsche Pfarrer Ralf Luginsland auf den Punkt bringt. Schade, dass diese Strophe nicht mehr gesungen wird. Sie vervollständigt das Bild des Einzugs von Jesus nach Jerusalem und rundet es ab. Wir haben angefangen bei Kaiser Wilhelm II. und sind angekommen bei Jesus, dem ganz anderen König, dem milden König – dem König aller Könige. Sein Reich ist grösser als jedes Königreich, weil es durch keinen geographischen Raum begrenzt ist. Seine Macht ist die Macht der Liebe, die jeden Widerstand überwindet, aber eben nicht durch Gewalt. Seine Herrschaft ist nicht zeitlich begrenzt wie die der Herrscher, die wir sonst kennen. Seine Herrschaft ist Herrschaft in den Herzen der Menschen.

Wenn wir nur Fotos hätten von seinem Einzug in Jerusalem! Da würden wir sehen, wie ganz anders er kommt und Einzug hält: ohne Pomp, ohne Prunk, ohne Uniform, ohne grosse Entourage, ganz einfach, ganz schlicht. Palmsonntag ist der Tag, der uns die Frage stellt: Dieser Jesus, der da einzieht – ist er auch Dein König – darf er auch bei Dir einziehen? Die positive Antwort formuliert treffend ein anderes altes Kirchenlied – und damit schliesse ich – möge es auch unsere Antwort sein:

*Komm, o mein Heiland Jesu Christ,*
*meins Herzens Tür dir offen ist.*
*Ach zieh mit deiner Gnade ein,*
*dein Freundlichkeit auch uns erschein.*

*Dein Heilger Geist uns führ und leit*
*den Weg zur ewgen Seligkeit.*
*Dem Namen dein, o Herr,*
*sei ewig Preis und Ehr.*

AMEN!

**Wer nur den lieben Gott lässt walten …**

Liebe Brüder und Schwestern,
Liebe Gemeinde!

Dieses Lied ist der Gesang eines Überfallenen und Ausgeraubten, der überlebt hat. Dieses Lied ist der Gesang eines Arbeitslosen und Stellensuchenden, der nach einer ganzen Reihe von erfolglosen Versuchen endlich eine Anstellung gefunden hat. Dieses Lied ist der Gesang eines knapp 20jährigen. Bei der Veröffentlichung gab der Dichter und Komponist Georg Neumark diesem Lied einen Titel und eine kurze Einleitung: Trostlied. Dass GOTT einen jeglichen zu seiner Zeit versorgen und erhalten will. Nach dem Spruch: Wirf dein Anliegen auf den Herrn, der wird dich wohl versorgen, etc. Dieser Spruch, den Neumark hier erwähnt, ist ein Wort aus der Bibel – aus Psalm 55,23. Trostlied, so betitelte er dieses Lied. Vertrauenslied, so könnte man es auch nennen.

Georg Neumark kam 1621 im thüringischen Bad Langensalza zur Welt und starb 1681 in Weimar. Fast die Hälfte seiner insgesamt 60 Lebensjahre fällt in die Zeit des 30jährigen Krieges – eine Zeit voll Hunger, Gewalt und Aussichtslosigkeit. Immerhin konnte Neumark Schulen besuchen und sich als 19jähriger sogar auf die Reise machen, um in Königsberg (heute Kaliningrad) zu studieren. Das Reisen damals barg viele Risiken. Überall lauerten Gefahren. Neumark schloss sich zuerst einer Gruppe von Kaufleuten an, die zur Herbstmesse nach Leipzig reisten. Dann ging es von dort mit einer anderen Gruppe weiter Richtung Norden. In der Gardelegener Heide wurde die Schar von herumziehenden Söldnern überfallen. Neumark verlor Kleidung, Reiseproviant und Geld an die Plünderer. Was ihm blieb, war sein Stammbuch. Das war in der damaligen Zeit so etwas wie eine Identitätskarte. Zudem enthielt das Stammbuch Empfehlungen – eine Art Referenzen oder Leumundszeugnisse. Dank diesen fand er in den Wochen danach Unterkunft und Verpflegung in Magdeburg, Hamburg und Kiel. Doch um zu überleben und um danach seinen Plan vom Studium in Königsberg doch noch verwirklichen zu können, brauchte er dringend Arbeit. Nach vielen erfolglosen Versuchen entmutigt, fand er schliesslich in Kiel eine Stelle als Hauslehrer, konnte während drei Jahren das Geld ansparen und im Jahr 1644 nach Königsberg zum Studium aufbrechen.

Kurz vor seinem Tod schilderte Neumark diese Zeit im Rückblick: „(…) so wurde ich so melancholisch / dass oftmals ich des Nachts in meiner Kammer den lieben Gott / mit heissen Tränen knieend um Hülfe anflehete / welches mein Weinen und Klagen der liebe und barmherzige Gott / des Güte alle Morgen neu / und mich über mein Vermögen nicht versuchte / endlich gantz unvermeint angesehen / und mir schleunigst seine grosse Gnade und Hülfe erscheinen liess (...)“ Er bekam die bereits erwähnte Stelle als Hauslehrer. Und er dichtete und komponierte genau in dieser Zeit des Stellenantritts dieses Lied:

*Wer nur den lieben Gott lässt walten / und hoffet auf ihn allezeit,*
*den wird er wunderbar erhalten / in aller Not und Traurigkeit.*
*Wer Gott, dem Allerhöchsten, traut, / der hat auf keinen Sand gebaut.*

Als Antwort auf diese wundersame Wendung in seinem Leben hat Neumark dieses Lied verfasst. Es ist ein einprägsames Bekenntnis seines Vertrauens zu Gott. Die Befreiung und Rettung aus grosser Not, die er selber erfahren hat, bezeugt er nun allen, die dieses Lied hören und singen – auch uns. Er macht uns Mut zum Vertrauen auf Gott. Er macht uns Mut, dass wir uns dem lebendigen Gott in allen Höhen und Tiefen des Lebens anvertrauen. Er macht uns Mut, in aller Not auf Gott zu hoffen.

Die erste Strophe ist – wie auch die übrigen sechs Strophen – gefüllt mit Zitaten und Anspielungen. Wer nur den lieben Gott lässt walten – da klingt Martin Luthers Morgengebet aus dem Kleinen Katechismus an. Es beginnt mit der Hingabe an Gottes Herrschaft: „Das walte Gott Vater, Sohn und Heiliger Geist.“ Die nächste Zeile ist wörtlich aus Psalm 62, Vers 9 übernommen: „Hoffet auf ihn allezeit, liebe Leute, schüttet euer Herz vor ihm aus. Gott ist unsre Zuversicht.“ Wie jede Strophe schliesst auch die erste mit einem verallgemeinernden Fazit. Hier spielt Neumark auf das Gleichnis Jesu am Schluss der Bergpredigt an. Dort ist die Rede von zwei Häusern – von einem Haus auf Fels und einem Haus auf Sand (vgl. Mt 7,24-29). Neumark komprimiert den Inhalt in einem kurzen Satz: Wer Gott, dem Allerhöchsten traut, der hat auf keinen Sand gebaut. Ganz ähnlich sagte es der Volksmund in früheren Zeiten: Wer Gott vertraut, hat wohl gebaut.

Die zweite Strophe thematisiert unseren Umgang mit Sorgen. Nun dürfen wir gerade hier den Hintergrund der Erfahrungen des Lieddichters nicht ausblenden. Georg Neumark war mit schweren Sorgen bestens vertraut, als er diese Zeilen schrieb. Aufgewachsen im Krieg, vertraut mit Hunger und Durst, mit Not und Elend, überfallen und ausgeraubt auf dem Weg in eine bessere Zukunft, mittellos auf Stellensuche. Eines kann man sagen: er hatte wirklich allen Grund, sich zu sorgen - allen Grund zu jammern, zu seufzen, zu klagen. Wirklich! Und nun sagt er für uns überraschend, dass man sich dadurch manchmal nur noch tiefer ins Elend stürzt. Stimmt das wirklich? Haben wir das auch schon erfahren, dass wir durch das ständige Wiederholen des Unglücks nur noch tiefer absinken? Aufgrund seiner Lebenserfahrung ermutigt uns Neumark zum Ausbruch aus diesem sorgenvollen Kreisen um die eigene Not. Doch wie schafft man das?

Neumark schildert uns in der dritten Strophe einen Weg – seinen Weg. Und ich behaupte nicht, dass dies ein einfacher Weg ist: Man halte nur ein wenig stille … Stillehalten – kannst Du das? Kann ich das? Stillehalten – gelingt uns das? Wir leben heute in einer Zeit des medialen Dauer-Bombardements. Man kann zu allen Tages- und Nachtzeiten den Fernseher einschalten – es ist immer etwas los. Auch das Internet mitsamt seinen sozialen Netzwerken schläft nie ... An Zeitungen wird Tag und Nacht gearbeitet. Bücher ohne Ende werden produziert und verbreitet. Man halte nur ein wenig stille … Ich bin versucht zu sagen: Lieber Georg, Du weisst ja gar nicht, wie schwierig es für uns am Anfang des 21. Jahrhunderts ist, mal ein wenig stillzuhalten! Und doch weiss ich genau: Es ist auch für uns wichtig, extrem wichtig, weil wir sonst einfach getriebene Menschen sind, die mit dem Strom schwimmen. Ich muss Neumark Recht geben - wir müssen das wieder neu lernen: Einkehr, Ruhe, Besinnung. Wir müssen das lernen: Innehalten – Stillehalten. Mehr noch: bei Gott und vor Gott zur Ruhe kommen. Man halte nur ein wenig stille … Und dann mit dem Herzen diese leise Stimme zu hören, die in unserem Alltag so oft durch Lärm und Betriebsamkeit überdeckt wird. Diese leise Stimme unseres Gottes, die sagt: „Ich bin da. Ich bin bei Dir. Ich weiss, wie es Dir geht. Ich weiss, was Dir fehlt. Vertrau mir!“

*Er kennt die rechten Freudenstunden; / er weiss wohl, wann es nützlich sei.*
*Wenn er uns nur hat treu erfunden / und merket keine Heuchelei,*
*so kommt Gott, eh wir's uns versehn / und lässet uns viel Guts geschehn.*

In der vierten und fünften Strophe werden die Pole des Lebens mit wenigen Strichen skizziert. Auf der einen Seite sind da die Freudenstunden. Diese füllen wir am besten mit Bildern aus unserem Leben. Fröhliche, glückliche Stunden. Gutes, das wir erfahren durften. Menschen, die uns unterstützt und gefördert haben. Freundschaft und Liebe, die uns geschenkt wurde. Alle Zeiten, in denen wir hatten, was wir zum Leben brauchten. Manchmal vergessen wir zu schnell, was wir an Gutem in unserem Leben erfahren haben. Denken wir daran? Sind wir dankbar dafür?

Der andere Pol wird hier überschrieben mit Drangsalshitze. Gemeint sind Probleme und Schwierigkeiten. Gemeint ist Not und Elend, Hunger und Durst. Gemeint ist Hoffnungslosigkeit und Verzweiflung. Gemeint ist Druck und Stress. Gemeint ist Anfechtung und Versuchung. Denk nicht in deiner Drangsalshitze, dass du von Gott verlassen seist … Neumark trifft hier einen wunden Punkt – auch heute. Viele denken doch genau so, wenn es strub zugeht im eigenen Leben. „Gott hat mich im Stich gelassen!“, klagen wir. Neumark widerspricht - ebenso wie die Bibel. Denken wir beispielsweise an die Seligpreisungen am Anfang der Bergpredigt (Mt 5,3-12). Auch wenn es unser Denken auf den Kopf stellt – Jesus schildert es ganz anders: Selig sind die Armen … die Leidtragenden … die Sanftmütigen …

die Barmherzigen … die Friedfertigen … die Verfolgten und Geschmähten … Genau das Gegenteil kann der Fall sein: dass ich Gott komplett vergesse und aus meinem Leben verbanne, wenn es mir gut geht und alles seinen guten gewohnten Gang nimmt – und dass mir Gott ganz nahe kommt, wenn ich einen Tiefschlag nach dem anderen hinnehmen muss.

*Sing, bet und geh auf Gottes Wegen, / verricht das Deine nur getreu*
*und trau des Himmels reichem Segen, / so wird er bei dir werden neu.*
*Denn welcher seine Zuversicht / auf Gott setzt, den verlässt er nicht.*

Mit der abschliessenden siebten Strophe gibt der Lieddichter sein Fazit weiter und er knüpft dabei an die erste Strophe an. Es geht darum, dass Gott in unserem Leben zum Zug kommt. Es geht darum, dass wir dem barmherzigen und gnädigen Gott trauen und vertrauen. Es geht darum, dass wir unsere Hoffnung und Zuversicht auf ihn setzen. Ausdruck findet dieses Vertrauen in vier Formen: Sing, bet und geh auf Gottes Wegen, verricht das Deine nur getreu … 1. Dieses Gottvertrauen findet seinen Ausdruck im Singen – alleine und gemeinsam mit Anderen. 2. Dieses Gottvertrauen findet seinen Ausdruck im Beten – alleine und gemeinsam mit Anderen. 3. Dieses Gottvertrauen findet seinen Ausdruck im konkreten Gehen – ich mache mich auf und bewege mich – und es sind Gottes Wege. 4. Dieses Gottvertrauen findet Ausdruck darin, dass ich das, was mir aufgetragen ist, einfach tue – treu tue. Wir merken deutlich, dass das Gott walten lassen (1. Strophe) uns nicht passiv und lethargisch macht – im Gegenteil. Es gibt viel zu tun, wenn man Gott vertraut und ihm stille hält.

AMEN!

**Wie schön leuchtet der Morgenstern**

Liebe Gemeinde,

es ist eine verrückte und berührende Geschichte, die hinter diesem Lied vom Morgenstern steht. Wir schreiben das Jahr 1597. Philipp Nicolai ist seit einem Jahr Pfarrer in der Ortschaft Unna. Kurz nach seinem Amtsantritt – im Herbst 1596 - sind zwei seiner Schwestern verstorben, die ihm den Haushalt geführt hatten. Im Sommer 1597 schlägt die schreckliche Pest in der kleinen Ortschaft zu. Im Juli sterben 300 Einwohner, im August nochmals 170. In den sieben Monaten, in denen die Seuche wütet, verlieren insgesamt 1400 Menschen in Unna ihr Leben (ein Drittel der gesamten Einwohnerschaft!) wegen der Pest. Eines der ersten Pestopfer ist sein Pfarrkollege. Das bedeutet, dass der vierzigjährige Philipp Nicolai ohne Entlastung eines Kollegen Kranke pflegt, Sterbende begleitet, Trauernde tröstet und phasenweise bis zu 30 Bestattungen pro Tag durchzuführen hat.

Er selbst schreibt über diese Zeit: „Ich bin durch Gottes Gnade noch ganz gesund, wenn ich gleich von Häusern, die von der Pest angesteckt sind, fast umlagert bin und auf dem Kirchhofe wohne, wo täglich bald 24,27,29,30 Leichen der Erde übergeben werden. Ich wende Vorbeugungsmittel gegen die Pest an, zumal wenn die gänzlich angefüllte Luft einen schädlichen Geruch verbreitet und nicht selten der Totenhof einen übelriechenden Dunst aushaucht. Mein Räucherwerk sind hauptsächlich Gebete zu Gott. Durch Gottes Gnade bin ich furchtlos. Aber wenn ich fast nichts mehr höre als von Bestattung der Leichen, so ergreift mich fast eine Furcht, dass ich doch ja nichts anderes bedenke als einzig das: Christo lebe ich, Christo sterbe ich. Lebe ich oder sterbe ich, so bin ich Christi, dessen Gnade mich beschatte."

Die Menschen der damaligen Zeit waren der Pestseuche wehrlos ausgesetzt. Wirksame Medizin gab es keine. Man versuchte sich irgendwie zu schützen, beispielsweise mit viel Räucherwerk. Doch Nicolai schreibt, dass sein hauptsächliches Räucherwerk das Beten war. Was für eine Hoffnung, die aus diesen Zeilen spricht! Was für ein Licht aus der ewigen Welt Gottes, die in eine verrückte Zeit hineinleuchtet! Nachdem die Pest abgeklungen ist, überfallen marodierende spanische Truppen den Ort. Philipp Nicolai als protestantischer Pfarrer muss flüchten. Er geht zurück an den Hof des Grafen von Waldeck, wo er zuvor Hofprediger und Erzieher des Prinzen war. Wie wenn er nicht schon genug Leid erlebt hätte – auch dieser Prinz, sein Zögling, stirbt. Ihm widmet er auf raffinierte Weise sein Lied *Wie schön leuchtet der Morgenstern*. Ich verrate später, wie er das getan hat.

Philipp Nicolai kam 1556 als drittes von acht Kindern eines zum protestantischen Glauben übergetretenen Pfarrers in Mengeringhause am nordwestlichen Rand von Hessen zur Welt. Es sind unruhige Zeiten. Sein Vater muss immer wieder die Pfarrstelle wechseln, weil sich die religiösen Verhältnisse ständig ändern. Philipp Nicolai besucht an drei verschiedenen Orten die Schulen. Bereits als Elfjähriger erlebt er zum ersten Mal eine Pestseuche. Als junger Erwachsener studiert er Theologie in Erfurt und Wittenberg, unterrichtet danach kurze Zeit und tritt 1583 seine erste Pfarrstelle in Herdecke an der Ruhr an. Als spanische Söldner den Ort einnehmen, muss er flüchten – wie später in Unna. Er wechselt nach Köln und wirkt dort als Pfarrer einer lutherischen Untergrundgemeinde in katholischer Umgebung. Danach arbeitet er ab 1588 für acht Jahre als Hofprediger und Erzieher am Hof des Grafen von Waldeck, bis er 1596 nach Unna berufen wird, dort die schreckliche Pest erlebt und nochmals vertrieben wird.

Philipp Nicolai konnte 1599 nach Unna zurückkehren und seine Arbeit als Pfarrer wieder aufnehmen. Nach all den schrecklichen Ereignissen veröffentlichte er ein Buch, dessen Titel uns erstaunt: *Freudenspiegel des ewigen Lebens*. Dieses Buch wurde ein Bestseller, ein populäres Andachtsbuch und erlebte viele Auflagen. Mit diesem Buch wollte Nicolai trösten, ermutigen, aufrichten. Er wollte den Blick der Menschen auf den lebendigen Gott und auf das ewige Leben richten. Er schilderte, wie er in grosser Not in seiner Bibel, im Gebet, in erbaulicher Literatur christlicher Autoren Halt und Orientierung in seiner Angst gefunden hat. Als von Gott Getrösteter wurde er selbst ein Tröster für viele - als Pfarrer, als Schriftsteller und auch als Liederdichter.

Wir haben in unserem Kirchengesangbuch zwei Lieder von ihm. Unter Kennern in Deutschland werden diese beiden Lieder mit ihren einzigartig eingängigen und wunderschönen Melodien als Königin und König des Gesangbuchs bezeichnet. Der berühmte Johann Sebastian Bach hat zu beiden je eine Kantate komponiert, was die Qualität eindrücklich unterstreicht. Zum ersten Mal tauchen die beiden Lieder 1599 im Anhang zu seinem Trostbuch *Freudenspiegel* auf. Sie sind in den Pest und Vertreibungsjahren entstanden. Seither haben sie in unzählige Liederbücher Eingang gefunden und unzählige Menschen getröstet.

Werfen wir noch kurz einen abschliessenden Blick auf Nicolais Leben. Im Jahr 1600 heiratet er Katharina Dornberger, die Witwe eines Theologen. Im folgenden Jahr wird er als Hauptpastor an die Katharinenkirche in Hamburg berufen, wo er acht Jahre wirkt und schliesslich stirbt.

Ein verrücktes und berührendes Leben - gezeichnet von Leid und Krankheit, von Not und Tod, von Pest und Vertreibung. Doch sein Trostbuch *Freudenspiegel* und seine beiden Lieder zeigen uns, dass das nicht das Letzte, sondern das Vorletzte ist. Nicolai zeigt uns als Zeuge des Evangeliums, wie Gottes helles Licht in der Dunkelheit unserer Welt und Zeit aufleuchtet.

*Wie schön leuchtet der Morgenstern*
*voll Gnad und Wahrheit von dem Herrn,*
*die süße Wurzel Jesse!*
*Du Sohn Davids aus Jakobs Stamm,*
*mein König und mein Bräutigam,*
*hast mir mein Herz besessen,*
*Lieblich, freundlich,*
*schön und herrlich, groß und ehrlich,*
*reich an Gaben,*
*hoch und sehr prächtig erhaben!*

Liebe Gemeinde,

Wie schön leuchtet der Morgenstern – hier wird die Liebe Gottes, die in Jesus Christus zu uns Menschen gekommen ist, mit einer Fülle von Bildern besungen. Es ist keine nüchterne, sondern eine fantasievolle, reichhaltige, blumige Sprache. Es ist die Sprache des Staunens, der Hingabe und der Anbetung. In der Anbetung des lebendigen Gottes und seines Sohnes wächst der Dichter, wachsen wir über uns selbst hinaus. Die Faszination für das Evangelium ist spürbar. Jemand hat dieses Lied mit einem Brunnen verglichen, aus dem jeder schöpfen kann – eine schier unendliche Fülle tut sich da auf!

Dieses Lied hat Nicolai dem verstorbenen Prinzen gewidmet. Er hat die Strophen als Akrostichon gestaltet. Leider ist das in der sprachlich überarbeiteten Version in unserem Kirchengesangbuch nicht mehr sichtbar. Der Prinz hiess: Wilhelm Ernst Graf und Herr zu Waldeck. Die sieben ersten Buchstaben ergeben WEGUHZW. Mit jedem dieser sieben Buchstaben hat Nicolai eine Strophe seines Liedes angefangen. Ein verstorbener Prinz – und doch ein Lied voller Hoffnung. Die Realität dieser Welt und Zeit, die Realität von Leben und Tod sind für Nicolai eben nicht aufgehoben, sondern umgeben von Gottes liebenden Händen. Wir sind in allem Vergänglichen, in allem Traurigen geborgen in Gott und seiner Liebe, die in seinem Sohn Jesus Christus zum Ausdruck kommt.

Wer ist dieser Jesus, dessen Kommen wir erwarten und bald feiern?
er ist der helle Morgenstern (der Planet Venus) (Offb 22,16; 1. Pt 1,19)
er ist die Wurzel Jesse (= Isai) (Jes. 11,1)
er ist der Sohn Davids (= Messias) (Jes. 9,5-6)

er ist König und Bräutigam der Glaubenden (Vgl. Königspsalmen und Brautmystik)
er ist wahrer Gott und wahrer Mensch … (altkirchliches Bekenntnis)
er ist eine Himmelsblum (für alle Blumenliebhaber?)
er ist mein Schatz (für alle Schatzsucher?)
er ist das A und O (Anfang und Ende) (Offb 1,8)
er ist der sehnsüchtig Erwartete

In jeder Strophe macht das Wort mein deutlich, dass dieses grosse Geschehen des Kommens Gottes in unsere Welt in der Krippe von Bethlehem mit uns allen und mit jedem Einzelnen zu tun hat. Gott kommt zu uns. Gott kommt zu mir. Empfange ich ihn? Öffne ich ihm Haus und Herz? Lade ich ihn ein? Heisse ich ihn willkommen? Unser Lied ist das Lied eines Menschen, der diesen König aller Könige, diesen Herrn aller Herren, dieses Kind in der Krippe, diesen Jesus von Nazaret mit seinem Herz für alle Menschen, diesen Verkündiger des Reiches Gottes, diesen Gekreuzigten und Auferstandenen willkommen heisst, indem er ihn anbetet – wie die Weisen aus dem Morgenland – wie die Hirten an der Krippe. Stimmen wir mit Philipp Nicolai ein in diesen Lobgesang, der Licht in Dunkelheit und Hoffnung in Verzweiflung bringt?

AMEN!

**Wie soll ich Dich empfangen und wie begegn ich Dir?**

*Wie soll ich Dich empfangen, und wie begegn ich Dir,*
*o aller Welt Verlangen, o meiner Seele Zier?*
*O Jesu, Jesu, zünde mir selbst die Fackel an,*
*damit mein Herz ergründe, was Dich erfreuen kann.*

Liebe Gemeinde!

Wie empfangen wir einen Gast? Wie empfangen wir einen Besuch? Wie empfangen wir eine Persönlichkeit wie den US-Präsidenten, die Queen von England oder die Bundeskanzlerin von Deutschland? Wir heissen sie willkommen. Wir zeigen uns herzlich und offen. Wir rollen sichtbar oder unsichtbar den roten Teppich aus. Hoffentlich!

Wie soll ich Dich empfangen und wie begegn ich Dir? Das können wir uns fragen, wenn wir ein eigenes Kind oder ein Grosskind auf den Armen halten. Wie sollen wir dieses Kind empfangen? Mit welcher Einstellung begegnen wir ihm? Sicher möchten wir Liebe zeigen. Sicher möchten wir Vertrauen schenken. Sicher möchten wir ihm mit Offenheit begegnen. Sicher werden wir uns handfest vorbereiten auf die Ankunft, sind in Vorfreude und Erwartung auf seine Geburt, richten das Kinderzimmer ein und legen alles bereit, überlegen Namen und gestalten Geburtsanzeigen … Unsere Kinder und Grosskinder sind ein Geschenk, das Gott selbst uns anvertraut. Sie sind ein Wunder des Lebens, das wir in Händen halten und im Leben begleiten dürfen. Wo wir das erkennen, da werden wir auch dankbar sein gegenüber dem Schöpfer des Lebens, der uns so viel Vertrauen und Liebe schenkt.

Wie soll ich Dich empfangen und wie begegn ich Dir? In unserem Adventslied geht es um Gott selbst, der als Kind, als Besucher, als Gast, als prominente Persönlichkeit zu uns kommt. Die Quelle des Lebens, die Tiefe des Seins, der lebendige Gott selbst macht sich auf, kommt in diese Welt, kommt zu uns in diesem Kind von Weihnachten, in diesem unbestechlichen Redner und barmherzigen Retter, in diesem Schmerzensmann vom Kreuz, in diesem Sieger vom Ostermorgen. Wie soll ich ihn empfangen und ihm begegnen? Mache ich ihm die Türe meines Lebens auf? Heisse ich ihn herzlich willkommen? Rolle ich ihm den roten Teppich aus?

Er ist aller Welt Verlangen – so haben wir gesungen. Stimmt das wirklich? Verlangt alle Welt – und wir mit ihr - nicht nach ganz anderem? Nach schnellem Geld und Erfolg beispielsweise? Nach Reichtum und Karriere, gutem Job und schönem Haus? Nach bequemem Leben in der Komfortzone? Nach Ruhe vor dem, was uns beunruhigt? Andere beschreiben das Verlangen von uns Menschen schlicht und einfach (und plump) als Geld, Sex und Macht.

Doch hinter diesem lauten Verlangen steht die menschliche Suche nach sinnvollem Leben und erfüllten Beziehungen, nach Annahme und Anerkennung, nach Vergebung und Versöhnung – das Verlangen nach einem Boden, der unser Leben wirklich trägt – die Sehnsucht nach Glaube, Liebe, Hoffnung. Alle diese tiefen Sehnsüchte bündelt der Liederdichter Paul Gerhardt. Er konzentriert sie auf den Gott, der zu uns kommt in diesem Kind im Stall. Hier in der Krippe von Weihnachten, am Kreuz vom Karfreitag und am Grab von Ostern konzentriert sich unser wirkliches Verlangen.

So gesehen überrascht es nicht, dass die erste Strophe mit einem Gebet schliesst, das sich an diesen Befreier der Welt richtet und ausdrückt er möge in uns dieses Feuer von Glaube, Liebe, Hoffnung anzünden: O Jesu, Jesu, zünde mir selbst die Fackel an, damit mein Herz ergründe, was Dich erfreuen kann.

Nun fragt Paul Gerhardt nicht einfach: Wie sollen wir den Gott empfangen, der als Kind im Stall zur Welt kommt? Sondern er fragt: Wie soll ich DICH empfangen? Als Singende sprechen wir Jesus direkt an. Das holt Advent und Weihnachten plötzlich ganz nahe heran. Hier geht es nicht um eine Sache, sondern um eine Beziehung: um ein DU. Gott kommt uns ganz nahe in Jesus. Er wagt sich in die Begegnung mit uns Menschen hinein. Er wird ansprechbar. Hast Du schon so mit dem Gott geredet, der uns in Jesus begegnet und einer von uns wird? Hast Du schon DU zu ihm gesagt?

Advent heisst Ankunft: Gott kommt – und ich bereite mich vor, rolle ihm meinen roten Teppich aus. Ich mache mich bereit, diesem Gott zu begegnen, dieses Kind in der Krippe zu empfangen, diesen König der Welt, den Befreier und Erlöser.

*Dein Zion streut Dir Palmen und grüne Zweige hin,*
*und ich will Dir in Psalmen ermuntern meinen Sinn.*
*Mein Herze soll Dir grünen in stetem Lob und Preis*
*Und Deinem Namen dienen, so gut es kann und weiss.*

Nun wird der Hintergrund von Palmsonntag eingeblendet: Jesu' Einzug in Jerusalem. Wir feiern heute nicht Palmsonntag, aber interessanterweise hat die Tradition von Palmsonntag stark auf den Advent abgefärbt. Beim Lied „Macht hoch die Tür, die Tor macht weit“ ist das ebenfalls deutlich spürbar. Jesus zieht in Jerusalem ein wie ein König. Und doch ist da eine eigenartige Differenz. Er kommt nicht hoch zu Ross, sondern auf einem Esel! So kommt der

König der Welt. Es entspricht seiner Ankunft in dieser Welt, die nicht im Königspalast, sondern im Stall stattfindet! Beim Einzug in Jerusalem legen die Leute Palmzweige und Kleider auf die Strasse. So haben sie ihn empfangen – damals.

Paul Gerhardt zeigt nun mit einem Wortspiel, wie es heute aussehen könnte, Jesus zu empfangen. Die Palmen werden zu Psalmen. Mit anderen Worten: Wir empfangen Jesus da, wo wir Psalmen bringen! Doch, was sind Psalmen? Es sind Lieder und Gebete, mit denen Menschen seit langer Zeit sowohl Lob als auch Klage vor Gott ausgesprochen haben – betend und singend. Gott loben und vor ihm auch das Schwere, Schmerzhafte und Zerbrochene unseres Alltags und Lebens nicht verschweigen: Das sind die Psalmen. Genauso können wir den Erlöser der Welt auch heute empfangen: mit Psalmen.

Sicher kommen Psalmen in unseren Gottesdiensten vor. Hier können wir diese Haltung einmal pro Woche einüben und kultivieren. Doch das Lied von Paul Gerhardt meint unser ganzes Leben, meint unsere Herzenshaltung. Deshalb redet der Dichter von stetem Lob und Preis. Gott loben und ihm danken und unser Herz vor ihm ausschütten wird eine Herzenshaltung, die unseren Alltag prägen soll. Tröstlich ist der Schluss: so gut es kann und weiss.

Advent heisst: Gott kommt – und ich empfange ihn, wie damals die Menschen Jesus beim Einzug in Jerusalem empfangen haben. Was am Palmsonntag Kleider und Palmenzweige waren, sind bei uns Psalmen, Lieder und Gebete, Lob und Klage, das Gespräch mit Gott, das zu einer Herzenshaltung wird.

*Was hast Du unternommen zu meinem Trost und Freud,*
*als Leib und Seele sassen in ihrem grössten Leid?*
*Als mir das Reich genommen, da Fried und Freude lacht,*
*bist Du, mein Heil gekommen und hast mich froh gemacht.*

Kennen wir diese Durststrecken im Leben, als Leib und Seele sassen in ihrem grössten Leid? Kennen wir Schmerzen und Krankheiten, Phasen von Depression? Trauer über den schmerzhaften Verlust unserer Liebsten? Misserfolge in Beruf, Geschäft, Familie und Schule? Ja, es gibt diese Situationen, wo wir mit unserer eigenen Kraft einfach nicht mehr weiterkommen. Wo alles in uns und um uns dunkel erscheint. Wo wir müde und erschöpft sind und nicht mehr weiter wissen. Wo ich ganz unten bin, tief betrübt, körperlich niedergeschlagen. Wo andere verächtlich auf mich schauen. Wo plötzlich der Boden unter meinen Füssen wegbricht. Oder wie der Dichter sagt: Wo uns das Reich genommen wird, da Fried und Freude lacht.

Paul Gerhardt konnte von dieser schwierigen Seite des Lebens wirklich ein Lied singen. Er verlor seinen Vater mit 12 und seine Mutter mit 14 Jahren. Er verlor vier seiner fünf Kinder und seine Ehefrau. Er verlor seine Stelle, weil er gegen den Willen seines Landesfürsten an seiner Überzeugung festhielt. Zudem erlebte er die gesamte Zeit des schrecklichen 30jährigen Krieges mit Verwüstungen, Pest und Hunger. Sein Vorgänger an der ersten Pfarrstelle in Mittenwalde (südlich von Berlin) wurde von schwedischen Soldaten am Altar in der Kirche erschossen, Gerhardts Heimatstadt im Krieg total verwüstet. Friede war für ihn kein leeres Wort – es war ja Krieg. Freude war für ihn kein leeres Wort – er kannte die Trauergeister sehr gut. Und trotzdem vermitteln seine Lieder Halt und Trost. Trotzdem sind sie beschwingt und fröhlich. Trotzdem wird er „Tröster der Christenheit“ genannt! Wie ist das nur möglich?

„Gelobt sei Gott, der Vater unseres Herrn Jesus Christus, der Vater der Barmherzigkeit und Gott alles Trostes, der uns tröstet in aller unsrer Trübsal, damit wir trösten können, die da sind in allerlei Trübsal, mit dem Trost, mit dem wir selber getröstet werden von Gott. Denn gleichwie wir des Leidens Christi viel haben, so werden wir auch reichlich getröstet durch Christus.“ (2. Korinther 1,3-5) Ich kenne keine bessere Beschreibung für das, was bei Paul Gerhardt geschah, als diese Worte von Paulus. Er konnte so vielen Menschen durch die Jahrhunderte mit seinen Liedern Trost schenken, weil er selbst diesen Trost durch den lebendigen Gott erfahren hatte in seinen extrem schwierigen Lebensumständen. Der Getröstete wird zum Tröster. Matchentscheidend ist nicht, dass bei uns alles glatt geht, sondern dass Gott bei uns ist in allen Höhen und Tiefen des Lebens.

Advent heisst: Gott kommt in Jesus – und er kommt in die tiefsten Tiefen dieser Welt und in die tiefsten Tiefen meines Lebens hinein. So erfahre ich Trost, der wirklich trägt. So kann ich Trost weitergeben an meine Mitmenschen. Wie es in einem anderen Adventslied heisst: „Gott, mein Tröster früh und spat.“

*Ich lag in schweren Banden, Du kommst und machst mich los;*
*Ich stand in Spott und Schanden, Du kommst und machst mich gross*
*und hebst mich hoch zu Ehren und schenkst mir grosses Gut,*
*das sich nicht lässt verzehren, wie irdisch Reichtum tut.*

Gott kommt – und mit ihm kommt Befreiung. Nicht noch mehr Druck – davon haben wir schon genug. Nicht noch mehr Lasten – diesmal eben fromme Lasten – denn: Haben wir nicht schon genug Lasten in unserem Alltag? Nicht noch mehr Fesseln, die uns angelegt werden … Nein! Hier kommt das Evangelium. Hier kommt die gute Nachricht. Hier kommt der Befreier.

Mit Jesus kommt das Evangelium der Freiheit. Die Ketten werden zerbrochen. Die Fesseln werden gesprengt.

Das grösste Geschenk von Advent und Weihnachten ist nichts, was wir kaufen und in schönes Papier einwickeln können. Und auch nichts, was vergänglich ist. Das grösste Geschenk ist diese Befreiung. Advent meint: Gott kommt – und er holt mich aus der Tiefe. Schwere Bande und persönliche Schande sind nicht das Letzte. Der Befreier, der Erlöser kommt. Er macht mich frei. Was für ein Geschenk!

AMEN!

**Wohin soll ich mich wenden**

*Wohin soll ich mich wenden, wenn Gram und Schmerz mich drücken?*
*Wem künd ich mein Entzücken, wenn freudig pocht mein Herz?*
*Zu Dir, zu Dir, o Vater, komm ich in Freud und Leiden,*
*Du sendest ja die Freuden, Du heilest jeden Schmerz.*

Liebe Gemeinde,

„Wohin soll ich mich wenden, wenn Gram(= Kummer, Leid, Trauer) und Schmerz mich drücken?“ Diese erste Zeile aus dem Introitus der deutschen Messe von Franz Schubert hat sich mir eingeprägt, seit ich sie zum ersten Mal gehört habe. Wohin soll ich mich wenden? Wohin soll ich gehen mit dem, was mich beschäftigt und umtreibt? Mit dem, was mich unruhig macht oder mich nicht schlafen lässt? Mit dem, was mich erschlägt und ratlos zurücklässt? Mit dem, was mich an Lebensfügungen und Schicksalsschlägen getroffen hat? Wohin soll ich mich wenden mit all dem – erst recht, wenn alle Stricke zu reissen scheinen?

Nun ist die Antwort des jüdisch-christlichen Glaubens keineswegs überraschend, sondern sehr unspektakulär: Zum lebendigen Gott, der Himmel und Erde geschaffen hat! Christlich zugespitzt: Zu dem Gott, der in Jesus Christus Mensch wurde, unter uns Menschen lebte, unsere Freuden und Leiden teilte, am Kreuz starb und vom Tod auferstand. Zu dem Gott, der an Pfingsten seinen starken Geist ausgoss, der nicht nur von aussen kommt, sondern in unserem Inneren wohnen und mit seiner Kraft unser Menschsein erfüllen will. Zu dem Gott soll ich mich hinwenden!

Doch: Tun wir das? Wenden wir uns zu Gott in unserer Angst und unserem Schmerz? Es ist ja keineswegs zwingend und automatisch, dass wir das tun! Ich kenne einige Berufsleute, die erleben, dass man sich an sie wendet und von ihnen Dinge erwartet, die im tiefsten Grund nur Gott tun kann. Als Beispiel nenne ich Ärzte. Ich kenne einige, die diesen Beruf ausüben. Man nennt sie bezeichnenderweise „Götter in weiss“. Aber sie sind keine Götter und wollen es in der Regel auch nicht sein. Sie sind – wie wir alle – Menschen, deren Hilfe und Möglichkeiten begrenzt sind.

Die biblische Tradition lenkt deshalb unsere Aufmerksamkeit immer wieder von den Menschen weg und hin zu Gott. Unser Ehepartner, unsere Freunde und Kolleginnen, unsere Kinder, unsere Nachbarn, unsere Verantwortungsträger in Politik, Gesundheitswesen, Bildung – und in der Kirche – sie alle sind erschlagen, wenn wir von Ihnen das erwarten, was letztlich nur Gott für unser Leben sein kann. Wir überfordern sie mit Erwartungen, die sie gar nicht erfüllen können. Deshalb lädt uns der heutige Bettag ein: Wir sollen uns neu auf Gott ausrichten, unsere Hoffnungen und Erwartungen auf ihn richten, ihm unser Vertrauen schenken. Die biblische Tradition schärft uns das ständig ein, weil es uns so leicht abhanden kommt und weil wir es zu schnell vergessen. Im 146. Psalm lesen wir:

„Verlasst Euch nicht auf Fürsten; sie sind Menschen, die können ja nicht helfen. (…) Wohl dem, dessen Hilfe der Gott Jakobs ist, der seine Hoffnung setzt auf den HERRN, seinen Gott." (Psalm 146,3-5)

Wohin soll ich mich wenden? Zum lebendigen Gott! Können wir das einmal tun und dann ist es sozusagen erledigt? Kaum! Auch wenn wir uns heute dazu entschliessen und uns entschieden Gott zuwenden, so braucht diese Hinwendung zu Gott Pflege, Nahrung und Stärkung. Unsere Umgebung, unser Inneres und auch die Mechanismen unserer Gesellschaft sind nicht so beschaffen, dass wir uns automatisch Gott zuwenden würden und diese Zuwendung zu Gott ungefährdet wäre. Keineswegs!

Ablenkungen sind Legion: Die Möglichkeiten, an anderes zu denken als an Gott, sind immens. Die Hilfsofferten sind zahlreich. Und während es am Anfang der Neuzeit noch hiess: „Ich denke, also bin ich!" (Descartes), müsste man heute schon eher sagen: „Ich kaufe, also bin ich!" Der Mensch in der westlichen Gesellschaft des beginnenden 21. Jahrhunderts erfährt sich als lebendiges Wesen, wenn er kaufen kann. Doch erwarten wir hier nicht unbewusst etwas, das nur Gott uns geben kann: tiefe innere Befriedigung und Erfüllung im Leben?

So komme ich zu dem Wort der Bibel, das uns am heutigen Dank-, Buss- und Bettag leiten soll. Es ist ein prophetisches Wort von Jeremia aus dem Alten Testament:

„Denn mein Volk tut eine zweifache Sünde: mich, die lebendige Quelle, verlassen sie und machen sich Zisternen, die doch rissig sind und kein Wasser geben." (Jeremia 2,13)

Frisches Quellwasser. Der lebendige Gott als Quelle von frischem Wasser. So sieht und beschreibt sich Gott selbst. Gott als Quelle, als Ursprung unseres Lebens. Gott als der, der Erfrischung und Stärkung spendet. Gott als der, der uns das Leben geschenkt hat und es erhält. Der lebendige Gott als „Ort", wo es sprudelt und lebendig zu und hergeht. Am liebsten würde man hier aufhören.

Aber Jeremia hat diesem Volk eine andere Botschaft weiterzugeben. Er muss anklagen. Das ist ein Schock für ein Volk, das sich als Gottes eigenes Volk versteht – zu Recht. Das ist doch ein Schock für Menschen, die zu Gottes Volk gehören und stolz darauf sind. Und jetzt dieser

Vorwurf von Gott selbst: „Ihr habt mich verlassen. Ihr habt Euch von mir distanziert. Ihr habt Euch von mir abgewendet.“

Wir hören schon den Widerspruch: „Ja, aber wir sind doch Gottes Volk, gehören zu ihm!“ Richtig. „Ja, aber wir haben doch als Einzelne und als Volk schon einiges mit Gott erlebt!“ Richtig. „Ja, aber wir haben doch die grossartigen Traditionen und Erzählungen von der Schöpfung, von Abraham, Isaak, Jakob, Josef, Mose und wie sie alle heissen!“ Richtig. „Ja, aber Gott hat doch unserem Volk die Thora mitsamt den unübertrefflichen Zehn Geboten als Wegweisung zum Leben gegeben.“ Richtig. „Ja, aber Gott hat doch unserem Volk das verheissene Land gegeben.“ Richtig. „Ja, aber wir haben doch den Tempel in Jerusalem, den wir uns einiges haben kosten lassen.“ Richtig. Alles richtig. Gottes Volk zu Jeremias Zeit kann auf eine reiche und erfüllte Geschichte mit Gott zurückblicken.

Aber der lebendige Gott sieht jetzt, hier und heute auf sein Volk. Er macht heute „Kassensturz“. Er schaut unbestechlich hin, wie es jetzt aussieht. Die Vergangenheit ist schön und gut – es ist ja schliesslich in allen Irrungen und Wirrungen dennoch die Geschichte Gottes mit seinem Volk. Aber Gott zieht heute Bilanz. Die Vergangenheit in Ehren – auch die fromme: die bewegenden Lieder von damals; die Gefühle auf einer vergangenen Tagung; ein Bibelwort, das uns früher getroffen hat; eine Begegnung mit Gott, die unseren Lebensgang verändert hat. Gott verachtet die Geschichte unseres Lebens nicht. Er kennt den Weg, der hinter uns liegt – und die wichtigen Stationen auf diesem Weg sicher auch. Aber er fragt nach der Gegenwart. Wo stehst Du heute? Was sieht Gott, wenn er jetzt in Dein Leben schaut? Mehr noch, was sieht Gott, wenn er an diesem Tag in unser Volk und in unsere christlichen Kirchen schaut?

Mich, die lebendige Quelle, verlassen sie und machen sich Zisternen, die doch rissig sind und kein Wasser geben. Es ist ein eigenartiges Phänomen. Gott verlassen und sich einen Ersatz zulegen – das gehört offenbar zusammen wie zwei Seiten einer Münze. Auch nach der Aufklärung, auch nach der technischen und der industriellen Revolution, auch im Zeitalter des Internets gilt: Wer den lebendigen Gott verlässt, der kommt nicht ohne Ersatz aus. Der Platz Gottes in unserem Leben ist kaum leer, sondern er wird von anderem besetzt. Die Pointe Gottes aber ist die: Kein Ersatz kann wirklich erfüllen und zufriedenstellen. Wer aufmerksam und unbestechlich hinschaut, der merkt es: Kein Gottesersatz kann den lebendigen Gott wirklich ersetzen. Kein Ersatz kann seinen Platz in unserem Leben einnehmen und ausfüllen. Wen oder was wir an die Stelle Gottes rücken, wenn wir uns von ihm abwenden und ihn verlassen, darin sind wir Menschen ja erstaunlich erfinderisch. Und wir sind auch ziemlich geschickt, unsere Ersatzgötter zu tarnen.

Unsere Ersatzgötter? „Geld, Sex und Macht“ sagen die einen. Materialismus (die Fixierung aufs Materielle, auf den Besitz), Individualismus (der Einzelne und seine Bedürfnisse ist wichtiger als die Gemeinschaft) und Hedonismus (die eigene Lust als Mass), sagen die Umfragen.

Was sind denn unsere Ersatzgötter? Welche Dinge würde Gottes Prophet uns heute ankreiden? Ist es unsere krankhafte Bindung ans Materielle? Ist es unsere masslos übertriebene Sorge, unser Leben zu sichern? Ist es unsere Sucht nach mehr, welche die Zufriedenheit mit dem Vorhandenen vertreibt? Ist es der gut getarnte Egoismus, der sich in erschreckender Gleichgültigkeit gegenüber der Not kundtut? Ist es die kultische Verehrung von Idolen in Musik, Sport und Medien (Idol bedeutet ja so viel wie Götze ...)?

Wo wir Gott verlassen oder verlassen haben, da haben wir die Quelle unseres Lebens verlassen. Die Konsequenz ist, dass wir uns schlicht mit einem Abklatsch und erst noch einem schlechten zufrieden geben müssen. Es ist ein gewaltiger Unterschied zwischen dem lebendigen Gott und allem, was wir in eigener Regie an seine Stelle setzen oder was von aussen an diesen Platz drängt.

Gott sagt es ganz krass: Es ist einfach dumm, sich von der Quelle abzuwenden, um aus einem Dreckloch Wasser zu trinken. Wasser aus einem Dreckloch – weder gesund noch appetitlich – und sicher nicht frisch. Das Quellwasser verschmähen - wie kann man nur! Aber genau diese Dummheit kreidet Gott seinem Volk an. Genau das passiert – immer und immer wieder – auch bei uns, sogar bei frommen Menschen, wo wir uns von Gott abwenden, ihn verlassen, ihn ersetzen durch etwas, was ihn nie und nimmer ersetzen kann.

Was aber sollen wir denn tun als Einzelne, als Volk, als Kirche, wenn wir dem zustimmen: „Ja, wir haben Gott, die Quelle unseres Lebens verlassen.“? Unser Wort zum Dank-, Buss- und Bettag birgt die Antwort in sich und weist den Weg: Die Zisterne verlassen und die ursprüngliche Quelle wieder aufsuchen. Die Richtung ändern und den umgekehrten Weg gehen. So wie wir uns von Gott abgewandt haben, uns ihm wieder zuwenden. So wie wir uns entfernt haben, uns wieder Gott nähern. Im Bild des Propheten ist das wie die Rückkehr zur Quelle. Dort ist frisches Wasser als Stärkung und Erfrischung.

Danktag: Wir wissen, an wen unser Dank zu adressieren ist. Gott danken bedeutet: Wir wenden uns ihm zu. Das, was wir von ihm als Ursprung des Lebens empfangen haben, verdanken wir auch. Wir wollen ihm unsere Wertschätzung zeigen. Was wir sind und haben, kommt von ihm. Heute ist der Tag, diesen Dank auszusprechen.

Busstag: Busse meint Umkehr und Hinwendung zu Gott. Die eigene Gesinnung vom lebendigen Gott prüfen und erneuern lassen. Verkehrte Wege verlassen. Gerade Wege neu einschlagen. In Ordnung bringen, was zu ordnen ist in der Beziehung zu Gott und zu unseren Mitmenschen. Wenn uns dazu ein Name oder eine Sache in den Sinn kommt, dann ist das die Spur, die wir weiterverfolgen sollen. Heute ist der Tag dazu.

Bettag: Gott anrufen als Schöpfer und Befreier unseres Lebens. Das können wir tun mit Worten, die wir auch im Gespräch untereinander brauchen. Zu Gott beten. Zum ihm, der alle unsere Ersatzgötter weit übertrifft. Ihm unser Vertrauen schenken. Heute ist der Tag dafür.

Wenn wir das tun, können wir mit einstimmen in ein Gebet von Augustinus, dem bekannten Theologen der frühen Kirchengeschichte. Mit diesem Gebet möchte ich schliessen.

Gott,
von dir sich abwenden heisst fallen. Zu dir sich hinwenden heisst aufstehen. In dir bleiben heisst sicheren Bestand haben.
Gott, dich verlassen heisst sterben. Zu dir heimkehren heisst neu zum Leben erwachen. In dir weilen heisst leben. (Augustin)

AMEN!

*Amazing Grace! Wie schön das klingt!*
*Gott zog mich aus dem Sumpf.*
*Er nahm mich auf in seinem Haus -*
*gab frische Kleider mir.*

*Amazing Grace! Hab' viel erlebt,*
*auch Leid und Not - Gefahr!*
*Gott war in all dem mit dabei*
*und bringt mich bis ins Ziel!*

*Amazing Grace! Gott gibt sein Wort,*
*dass er stets bei mir ist!*
*Er ist mein Schild – er ist mein Fels,*
*solang ich leben werd'.*

*Amazing Grace! Ganz hell wird's sein*
*bei Gott in Ewigkeit!*
*Das wird Musik für immer sein,*
*mit der ich loben werd'.*

Text: Christoph Ramstein am 11. April 2010

**Nachwort von Timon Ramstein**

„Du Pfarrersöhnli!“ – Diese oder ähnliche `Beleidigungen` musste ich mir während meiner Primarschulzeit allzu oft anhören. Das Bemerkenswerte daran war nur, dass ich mich nie beleidigt fühlte, sondern stets stolz darauf war, der Sohn eines Pfarrers sein zu dürfen. Eines Pfarrers, der in der ganzen Region bekannt ist und sich einer bemerkenswerten Beliebtheit erfreut. Die Rede ist selbstverständlich von Dr. theol. Pfr. Christoph Heinrich Ramstein, wie er zum vollen Namen heisst. Aus mir unbekannten Gründen liess – und lässt - Papi das „Dr.“ immerzu weg, sodass ich erst mit etwa 12 Jahren erfuhr, dass mein Vater diesen Titel überhaupt trägt.

Nun, dass ich mich niemals schämte Pfarrersohn zu sein, hängt eng mit dem Charakter und dem Talent von Papi zusammen. Stets bestaunte ich die Leichtigkeit, Leidenschaft und Energie, mit der er Beruf und Familie unter einen Hut brachte. Der Umfang und die Vielfältigkeit seiner Tätigkeit als Pfarrer wurde mir immer erst dann bewusst, wenn mich mir unbekannte Leute mit „ah - du bisch doch em Christoph si Sohn!“ begrüssten.

Obwohl ich mir schon länger keine Predigten mehr in der Kirche Lausen angehört habe, kann ich doch ein paar Bemerkungen zu Papis Talent als Redner und Prediger machen. Stets beeindruckt war ich von seiner Fähigkeit mit Bildern zu arbeiten, um seine Aussagen und Kernpunkte zu verdeutlichen. Papi ist rhetorisch sehr gewandt und bringt Aussagen vielmals gut auf den Punkt. Auch ist er sehr differenziert und überlegt, was mich schon oft ziemlich genervt hat, da ich mir von ihm auf scheinbar einfache Fragen auch einfache Antworten erhoffte. Fehlanzeige! Papi schafft es mit seinen Predigten viele Altersgruppen anzusprechen, da deren Aussagen gut merkbar, verständlich und einfach sind. Die Tatsache, dass Papi auch geschichtlich sehr bewandert ist, ermöglicht es ihm, zum Beispiel Lieder aus verschiedenen Perspektiven zu betrachten und geschichtlich sowie theologisch zu analysieren. Dies zeigt sich zum Beispiel in der Liederpredigt zu *Amazing Grace*. Papi ist für mich einer der fähigsten, verständlichsten und differenziertesten Prediger, den ich kenne. Ich geniesse es, immer wieder seinen Gedankengängen zu folgen und von ihm zu lernen.

Vielen Dank, Papi, für Deine Fürsorge, Deine Liebe, Geduld und Leidenschaft.

Dein Sohn Timon

Printed by Books on Demand GmbH, Norderstedt / Germany